小泉進次郎
守護霊の霊言
ぶっ壊したい
けど壊せない
自民党の体質

大川隆法
Ryuho Okawa

まえがき

自民党から厳重注意処分を受けた直後、小泉進次郎氏の守護霊は、突然やってきた（第2章参照）。非公式霊言であったことも功《こう》を奏《そう》してか、「嚢中《のうちゅう》の錐《きり》」のように才能が突き出してくる方だな、と思った。

それでG20終了時にもう一度、本音《ほんね》を聞いてみようと公式霊言をやった（第1章参照）。未来の総理候補は今度は用心深かった。しかし言葉の端々《はしばし》に鋭い本音は感じ取ることができた。

難しい正念場《しょうねんば》を迎えていることと思う。しかし、今の自民党で安倍総理に意見を言えるのは、小泉進次郎氏ぐらいかもしれないとも感じた。

今朝の新聞は、米大統領としてトランプ氏が初めて北朝鮮の土を踏んだことを伝えている。

進次郎氏守護霊は、外交についてガードが固いが、いずれ地上のご本人には「和製トランプ」を目指して欲しいものだ。勇気ある発言と行動を期待している。

二〇一九年　七月一日

幸福《こうふく》の科学《かがく》グループ創始者兼総裁《そうししゃけんそうさい》

幸福実現党創立者兼総裁《こうふくじつげんとうそうりつしゃけんそうさい》　大川隆法《おおかわりゅうほう》

小泉進次郎守護霊の霊言　ぶっ壊したいけど壊せない自民党の体質　目次

2

「自民党には、言論の自由がない」　30

第2章　安倍外交の悩乱《のうらん》ぶりを斬る
小泉進次郎守護霊の霊言

二〇一九年六月八日　収録
幸福の科学　特別説法堂にて

「霊言現象《れいげん》」とは、あの世の霊存在の言葉を語り下ろす現象のことをいう。これは高度な悟《さと》りを開いた者に特有のものであり、「霊媒現象《れいばい》」(トランス状態になって意識を失い、霊が一方的にしゃべる現象)とは異なる。

また、人間の魂《たましい》は原則として六人のグループからなり、あの世に残っている「魂のきょうだい」の一人が守護霊《しゅごれい》を務めている。つまり、守護霊は、実は自分自身の魂の一部である。したがって、「守護霊の霊言」とは、いわば本人の潜在《せんざい》意識にアクセスしたものであり、その内容は、その人が潜在意識で考えていること(本心)と考えてよい。

なお、「霊言」は、あくまでも霊人《れいじん》の意見であり、幸福の科学グループとしての見解と矛盾《むじゅん》する内容を含《ふく》む場合がある点、付記しておきたい。

第1章

安倍《あべ》独裁体質の問題と限界
小泉進次郎守護霊《こいずみしんじろうしゅごれい》の霊言《れいげん》

二〇一九年六月三十日　収録
幸福の科学　特別説法堂《せっぽうどう》にて

小泉進次郎《こいずみしんじろう》（一九八一～）

政治家。自民党衆議院議員。神奈川《かながわ》県出身。父は元首相の小泉純一郎《じゅんいちろう》。関東学院大学卒業後、米国コロンビア大学大学院政治学部修士号取得。米国戦略国際問題研究所（ＣＳＩＳ）研究員を経《へ》て、二〇〇九年、衆議院議員に初当選。その後、自民党青年局長、内閣府大臣政務官・復興大臣政務官、自民党農林部会長、自民党筆頭副幹事長を歴任。二〇一八年より自民党厚生労働部会長を務める。

質問者

綾織次郎《あやおりじろう》（幸福の科学常務理事 兼《けん》 総合誌編集局長 兼「ザ・リバティ」編集長

兼ＨＳＵ〔ハッピー・サイエンス・ユニバーシティ〕講師）

原口実季《はらぐちみき》（幸福の科学ＨＳ政経塾《せいけいじゅく》塾長心得《こころえ》）

吉井利光《よしいとしみつ》（幸福の科学宗務《しゅうむ》本部国際政治局部長）

［質問順。役職は収録時点のもの］

1　なぜか、父のように本音《ほんね》が言えていない小泉進次郎《こいずみしんじろう》氏

「糾弾《きゅうだん》決議棄権《きけん》への厳重注意処分」に、内心、何を思うのか

大川隆法　三週間ほど前に、一度、小泉進次郎《こいずみしんじろう》さんの守護霊《しゅごれい》がふいに来られ、短い霊言《れいげん》を録《と》りました（二〇一九年六月八日収録。本書第2章参照）。（映像はなく）録音だけのものです。

五月に、日本維新《いしん》の会の国会議員（丸山穂高《まるやまほだか》議員）が北方四島の国後島《くなしりとう》へ視察に行き、一緒《いっしょ》にいた元島民の人に、「戦争をしてでも島を取り返したいですか」というようなことを訊《き》いたところ、なぜか、その言葉がマスコミに流れました。どういう状況《じょうきょう》だったのか知りませんけれども、「お酒の場だった」とは聞いています。

また、外出制限があったらしいのですが、「自分は国会議員だから、不逮捕《ふたいほ》特権

があるんだ。女と酒がある所に行かせろ」というようなことも言ったそうです。そのため、この人は、「議員の資格なし」ということを国会で追及《ついきゅう》され、しばらく隠《かく》れていたのですが、最近、復帰したようです。

この人に対しては、「議員を辞《や》めろ」という意見が強く出て、自民・公明等も、「ある程度、それに近いかたちでの責任がある」と考え、国会で糾弾《きゅうだん》決議がなされました。

ただ、そのときの採決に小泉進次郎氏が出席拒否《きょひ》（棄権《きけん》）をしたので、彼は自民党から厳重注意処分を受けたようです。

進次郎氏には、自分なりの考え、信念が何かあったのではないかと思います。

そのあと、彼の守護霊が当会に意見を言いに来たので、進次郎氏には、今、何かがそうとう溜《た》まっているのではないかと思うのです。「地下にある〝天然ガス〟のようなものが噴《ふ》き出すのを我慢《がまん》している感じなのかな」と思います。

今回の選挙は参議院議員選挙（二〇一九年七月四日公示、七月二十一日投開票）

であり、衆議院議員選挙ではないので、進次郎氏本人には大きな関係はないと思います。

政権自体は、安倍《あべ》長期政権に向けて始動している感じではありますし、いろいろなことにチャレンジしているのだと思うのですが、やっていることには、うまくいっていそうに見えるものも、うまくいっていないように見えるものもたくさんあります。

それから、「参議院選挙の目玉が、いったいどうなるのか」のところについても、進次郎氏には意見はありましょう。幸福実現党が言っていることを、どの程度ご存じかは知りませんが、何かお考えはあるのではないかと思います。

大臣就任を断り、ひたすら〝雑巾《ぞうきん》がけ〟をする理由

大川隆法　私は、二〇〇九年の幸福実現党立党のときに、進次郎氏の地元へ、幸福実現党の候補者の応援《おうえん》演説に行きました。進次郎氏は、このときに初当選されたと

思います。

彼の地元では、街中《まちじゅう》が彼のポスターだらけであり、「これはすごい」と感じました。ほぼ〝城下町〟だったので、「これは大変だ。これが政治家の家系の強さなんだろうな」と思ったのです。進次郎氏が政治家の何代目か知りませんが、ここは、四代ぐらい、ずっと続いています。

安倍首相の家系と比較《ひかく》してみると、政治家が続いているところや総理大臣を出しているところが似ています。

また、経歴を見ると、大学までは「政治家になる」とは思われない感じであったのに、アメリカに留学し、箔《はく》を付けて帰ったりしていて、安倍首相と似たようなところはあるので、「妙《みょう》に感じ合うところがあるのかな」と思います。

進次郎氏のお父さんについては、以前、『日本をもう一度ブッ壊《こわ》す　小泉純一郎《じゅんいちろう》元総理守護霊メッセージ』（幸福実現党刊）という守護霊霊言を出したのですが、小泉元総理は、総理大臣を辞めてから、野党のようなことをだいぶ言い始めました。

五年ぐらい総理を務め、けっこう、いい仕事をされたようにも思ったのですが、安倍さんが出てきて、自分以上に長期政権になってき始めたので、何か競争心を感じたり、「自分が（安倍氏を）幹事長や官房長官《かんぼうちょうかん》に抜擢《ばってき》したのに、息子《むすこ》のほうは、ちょっと冷《ひ》や飯《めし》を食わされるんじゃないか」と思ったりしているような節《ふし》もあるかと思います。

このあたりについては、よく分からない部分ではあるのですが、（小泉元首相には）ご意見があって、野党的なことをやったりしているように見える面もあります。お父さんがそういうことをしているので、進次郎氏のほうは、「控《ひか》えめにしないと危ない」と見て、「〝雑巾《ぞうきん》がけ〟をやらなくてはいけない」というようなことを言い、大臣就任の声がかかっても避《さ》けたりしているところもあるのかと思います。

このへんの会話には、〝令和狸《れいわたぬき》・狐合戦《きつね》〟風に分からない部分がそうとうあります。

本音《ほんね》が見えてこなかった田原総一朗《たはらそういちろう》氏のインタビュー

大川隆法　私は、雑誌に載《の》った、進次郎氏のインタビューを三つほど読んでみました。それから、本では、『令和の日本革命　２０３０年の日本はこうなる』（講談社刊）と称《しょう》して、田原総一朗《たはらそういちろう》さんが、進次郎氏とあと三人、合計四人の若手政治家にインタビューをしているものも読みました。

田原さんは、八十五歳《さい》ということもあり、昔ほどのキレはなく、また、八十五歳で、三十八歳ぐらいの有名な若手にインタビューを受けてもらうためには、ある意味で、接待しなくてはいけないぐらいの感じなのでしょうか、突《つ》っ込《こ》みが足りませんでした。

進次郎氏のほうはというと、本気で本当のことを言っているのかどうか、分からない感じでした。二回読んでみたのですが、あまりよく分からなかったのです。

「安倍《あべ》の間」は鳴りを潜《ひそ》め、「安倍以降」に動き始める？

大川隆法　守護霊のほうは、何回も（霊言を）やっていたら警戒《けいかい》し始めるのですが、わりあいストレートに言うことがあるので、話を聞いてみたいと思います。本当は舌鋒鋭《ぜっぽうするど》い方であろうから、パンパンと来そうではあります。疑問点をたくさんストレートに投げかけたら、答えが返ってくるのではないかと思っています。

これが（進次郎氏本人にとって）有利か不利かは分かりません。ただ、本人のほうも、「不賛成」なら懲罰《ちょうばつ》を与《あた》えられるのに、病気ではなくても一人だけ「欠席」するぐらいの人なので、「自分の考えと行動を一致《いっち》させたい」という気持ちのある方なのではないかと思います。

進次郎氏は、今のところ、「安倍《あべ》さんが総理をやっている間は鳴りを潜《ひそ》めていよう」と思っておられるかと思うのですが、「安倍さん以降になったら動き始めよう」と考えておられるのではないかと思います。

あくまで宗教的な枠組《わくぐ》みのなかの取材で、潜在《せんざい》意識の本音《ほんね》を探《さぐ》る

大川隆法　自民党・安倍政治等をどう見ているのか、野党をどう見ているか、あるいは、幸福実現党をどう見ているか等、忌憚《きたん》のない意見を聞かせていただけたらありがたいなと思っています。本音《ほんね》はめったに聞けません。政治家はみんな、表面意識で訊けば、「狸・狐合戦」で、もう全然分からないようにはぐらかすのが仕事のようになっていますので、できたら本音を聞かせていただきたいと思っています。

安倍さんが総理をやっている間は、たぶん、進次郎氏に〝出るチャンス〟はないでしょう。したがって、いろいろ野党的発言をするなら今のうちかなとも思いますので、大いに口を滑《すべ》らせていただいたらよいのではないかと思います。

もちろん、表面意識と、潜在《せんざい》意識と呼ばれる守護霊との間に、乖離《かいり》がある人もいます。ほぼ百パーセント一致するという人もいれば、「表面意識とは全然違《ちが》う」と言って怒《おこ》る人もいて、このズレは人によって違うので、その加減はちょっと分かり

ません。

進次郎氏の場合は表面意識のほうで言っている言葉を見ても、今のところ、あまり刺激《しげき》的ではありません。まだ〝雑巾がけ〟をしなければいけない立場だからかもしれませんが、お父さんほど刺激的ではなく、「郵政民営化」とか、「ぶっ潰《つぶ》す」とかいうようなところまでは、まだ言わない感じではあります。ただ、潜在意識なら、何か言うかもしれないとは思っています。

そういうことで、もし、ご本人の表面意識のほうが不本意に感じるような言葉が出たとしても、守護霊というのは、だいたいそんなものであり、最初は正直であることが比較的多いのです。

まあ、守護霊まで老獪《ろうかい》な人もいることはいるので、少し用心《ようじん》はしなければいけませんが、比較的率直《そっちょく》に言うことがあったり、あるいは、今はそう思っていなくても、半年後か一年後ぐらいになると、その守護霊が言っているとおりのことを地上の本人も言い始めたりするようなことも、過去の例としてはよくあります。

私たちは、あくまで参考意見として聞くつもりであり、本人に責任がかかるとは思っておりません。

あくまでも、宗教的なフレームというか、枠組《わくぐ》みのなかで、政治的意見のリサーチに協力していただきたいという趣旨《しゅし》であり、政治家として、外で責任が問われる内容ではないというふうに理解しています。ただ、それを解釈《かいしゃく》される方は、いろいろかとは思います。

守護霊の意見をなるべく聞きたいので、前置きは短めにします。

では、行きますか。

綾織　よろしくお願いします。

大川隆法　それでは、小泉純一郎元総理のご子息にして、現在、新進気鋭《しんしんきえい》の政治家でもあります、小泉進次郎さんの守護霊のご意見を賜《たまわ》りたいと思います。よろしくお願いします。

小泉進次郎さんの守護霊よ、よろしくお願いします。

（約十秒間の沈黙《ちんもく》）

2 「自民党には、言論の自由がない」

「安倍《あべ》さんの意向を忖度《そんたく》して発言をするか、黙《だま》るか」

小泉進次郎守護霊　うーん。うん。うーん……。

綾織　こんにちは。

小泉進次郎守護霊　うーん、こういうところに来なきゃいけないっていうのが、厳しいところですよね。

綾織　まあ、自民党のなかでも、首相候補として……。

小泉進次郎守護霊　「言論の自由」がないからね、自民党には。

綾織　ああ、自民党にはないと。

小泉進次郎守護霊　うーん。ないから、もう。

綾織　なるほど。地上の自民党では、なかなか言いたいことも言えないということですね。

小泉進次郎守護霊　もう、ほとんどないよ。ほんと、〝忖度《そんたく》政治〟そのものだよ。

綾織　なるほど。

小泉進次郎守護霊　だからもう、安倍《あべ》さんの意向を、みんな、「こうだろうね」って忖度して、それに応じた発言をするか、黙《だま》るか、そうする以外にないよ。

綾織　なるほど。

小泉進次郎守護霊　あとはもう、野党に行くか、議員を辞《や》めるか。

綾織　うーん。

小泉進次郎守護霊　まあ、どっちかだ。

自民党のなかの〝野党〟だった、かつての派閥《はばつ》が今はない

綾織　そうすると、基本的に、言いたいことの九十パーセントぐらいは言えていない感じでしょうか。

小泉進次郎守護霊　昔、派閥《はばつ》政治があったじゃない、ね？

綾織　はい、はい。

小泉進次郎守護霊　派閥が分かれてやっていたときは、自分の言いたいことが言える派閥のほうに行って、それで、まあ、〝親分〟が支持してくれたら……。

首相は、どこかほかの派閥の長《ちょう》ですけど、それに対して反対の意見が言える。自民党のなかに〝野党〟があって、それで切磋琢磨《せっさたくま》して、順番に（首相が）選ばれる

ような感じだったから、自民党のなかにも「言論の自由」があったわけよ。ところが、今はもう、（言論の自由は）ほとんど〝ない〟状態だね。うーん。

綾織　確かに、反主流派のような派閥は、なくなっている状態ですからね。

小泉進次郎守護霊　そうそう、そうそう。だから、面白《おもしろ》くない。全っ然、面白くない。野党はまた野党で、何て言うか、〝政党名を消したい〟かのような、〝野党連合党〟みたいな感じに今なりつつあるから、ちっとも面白くないよね。

綾織　うーん。

小泉進次郎守護霊　まあ、日本の政治は、全然、面白くない。まったく面白くない。

綾織　確かに、そうですね。

八、九割が投票するような政治でないと面白《おもしろ》くない

小泉進次郎守護霊　もう面白《おもしろ》くない。全然、面白くないから、もっと面白くしないとさあ、民意が上がらない。

私は、選挙はやはり、八十パーセントか九十パーセントぐらいは投票してもらわないと、民意とは言えないと思うんだよな。

綾織　うーん。

小泉進次郎守護霊　五十パーを切るような政治をやっちゃいけないと思うんだよ。五十パーを切ったり、四十パーとか、三十何パーとかあるじゃないの。ねえ？　こんなのは民意と言えないよね。ほかのサイレントマジョリティー（声なき多数派）

はどう思っているか、分からないよ。ねえ?

綾織　そうですね。

小泉進次郎守護霊　(彼らは)みんな、反対かもしれないから。

綾織　小泉進次郎さんの演説を分析《ぶんせき》した方によると、「基本的には、あまり野党の批判をせずに、あえて自民党批判をやっていて、さらに、いろいろな地元に合った話もすることで人気を得ている」ということを言われていました。

小泉進次郎守護霊　あんたも、そう思う?

綾織　あまりストレートな野党批判というのは、そういえば、確かにあまり聞いたことがないなと思います。

小泉進次郎守護霊　まあ、そうだな。まあ、それはそうだ。

綾織　むしろ、自民党の内部的におかしいところを突《つつ》いている感じです。

小泉進次郎守護霊　いや、強すぎるんだよ。自民党が今強すぎるからさ、ほとんど決められちゃう。

綾織　はい。

小泉進次郎守護霊　民主主義の原理から見りゃあね、こんな、〝自民党のボス一人の考え〟で全部動くなら、もう、中国の習近平《しゅうきんぺい》体制と変わらないじゃない、ほぼ。

北朝鮮《きたちょうせん》の金正恩《キムジョンウン》と変わらないじゃない、別にねえ？

綾織　うーん、なるほど。

小泉進次郎守護霊　それなら、政党政治は要《い》らないじゃん。「議論がない」ならさ。

綾織　おお。

小泉進次郎守護霊　異質なものとぶつかり合って、どっちがみんなを説得できるか。（それを）やっぱりやらなきゃいけない。

まあ、アメリカでも、共和党と民主党が正反対のことをぶつけ合って、テレビで討論までしてさ、それでみんなの支持率が変わっていって、「最終的に、どっちが勝つか」みたいなことじゃない？

だから、自民党のなかであってもさ、自民党が政権を取り続けるんだったら、まあ、極端《きょくたん》に言えば、（意見が）幾《いく》つかいっぱいあってもいいんだけど、最終的には、極端な意見を言う人が二人ぐらい残って、「どっちが勝つか」っていうようにやって、それで、総裁、総理になっていくっていうのがいいと思うので。「自民党内野党」をやっぱりつくらないと、民主主義政治としては、私は間違《まちが》いだと思うな。

綾織　なるほど。安倍政権の全体的なスタンスとして、本当はいろいろな議論をしなければいけないものを、どんどん消し込《こ》んでいくようなところがあります。

小泉進次郎守護霊　そうそう、そうそう。

〝安倍《あべ》政治の敵〟は、「ワンフレーズ・ポリティクス」

綾織　今回の年金の問題なども、確かに、「二千万円足りない」とか、「赤字」とか……。

小泉進次郎守護霊　ああ、あれね。

綾織　そういう表現の問題はあるにしても、でも、やはり、「年金がどうなるのか」ということは、議論していかなければいけないのに、そういう報告がなかったかのようにしています。

小泉進次郎守護霊　いや、〝安倍《あべ》政治の敵〟はねえ、親父《おやじ》の小泉純一郎《じゅんいちろう》みたいな、「ワンフレーズ・ポリティクス」なんだよ。

綾織　ああ。

小泉進次郎守護霊　ああいうふうに、ワンフレーズで切り取って……。マスコミが得意なやつだけどね、ワンフレーズを切り取って、これでワッとやられるのが、彼（安倍首相）の敵なんですよ。

彼は、「抱《だ》き込み型」の政治をするから、何か、錐《きり》みたいに突《つ》き刺《さ》してきて障害になるようなものを、できるだけ避《さ》けようとするわけ。そういうふうに、飛び出してくるやつをなるべく均《なら》していく。ただ、全部それだけだったら目立たないから、ほかの全員を抱き込んで、「融和《ゆうわ》的にやっているように見せながら、弱そうなところを叩《たた》き潰《つぶ》してみせる」みたいな。

綾織　おおー。

小泉進次郎守護霊　例えば、G20《ジートゥエンティ》をやっても、韓国《かんこく》の大統領とだけは口をきかないとかさ。あとの十九人とは口をきいても、一人だけ口をきかないとか。こういうことで、ちょこっと、スカンクの臭《くさ》いやつを一発プスッとだけやって、あとの十九人はまとめるみたいな感じの。多数派形成をやりながら、ちょっとだけ〝生贄《いけにえ》〟を出すんだよな。これが特徴《とくちょう》ね。

綾織　うーん。なるほど。

今、小泉進次郎さんの守護霊として、いちばん議論していきたいテーマは、どういうものでしょうか。

小泉進次郎守護霊　（テーマは）あるけどさあ、立場によるわな。だから、総理、総裁を争う立場なら、全面的に議論しなきゃいけないけど、与《あた》えられている仕事は、小さいものだからさ。

「社会保障関係は、〝生贄《いけにえ》セクション〟だからね」

綾織　今は、厚生労働部会長ということで……。

小泉進次郎守護霊　うん、うん、うん、うん。

綾織　やはり、社会保障関係の責任を持たれている方ではあります。

小泉進次郎守護霊　まあ、そうだけどさ。ここは、場所的には非常に気をつけないと危ない〝生贄《いけにえ》セクション〟だからね。

綾織　確かに、どう転ぶかは分からないところがあります。

小泉進次郎守護霊　年金問題で、もし大敗したらさあ、もうこれは大臣の芽はないと、こういう感じの「バッテン」が付くわな。

例えば、麻生《あそう》（太郎《たろう》）さんみたいなのがしゃべったとしても、別に厚生労働大臣じゃなくて、財務大臣がしゃべったことでも、こっちに「バッテン」が付くことがあるから、ちょっと危ない。なあ？

綾織　うーん。

小泉進次郎守護霊　あれは、麻生さんが私を潰すために、わざと口を滑《すべ》らせたのと違うか。

綾織　あっ、そういう手なんですか（笑）。

小泉進次郎守護霊　そういうこともある。だから、なかにも敵がいる。自民党のなかの敵を潰すために、わざとさ……。だって、自分（麻生さん）の持論は、（安倍首相に）「七月末ぐらいに衆参同日選をやらないと、あとは、いいチャンスがない。あとは支持率が下がる一方ですよ」と。

綾織　はい。

小泉進次郎守護霊　「消費税上げして、あと、オリンピックのあとも景気が下がるかもしれない。だったら、今、やらなきゃいけない」と言ったのに、自分の持論を引っ込めなきゃいけなくなってきたじゃないですか。

そのためには、引っ込めなきゃいけないなら、何か〝都合《つごう》の悪い話〟が必要じゃないですか。で、都合の悪い話は、（年金問題の報告を）やって、「受け取らない」

みたいなことをやったら、嫌《きら》われるのは分かってるじゃないですか。

でも、最終的に、ツケは私らのところのほうに回ってくるようにはなってるわね。

「年金不信」とか言うと、こっちに回ってくるな、完全にねえ。

だって、あれを提案したのは、財務省の、金融関係（金融庁）の……。

綾織　そうですね。

小泉進次郎守護霊　そうでしょう。それが、「老後のためには、金融商品を買って、利殖《りしょく》しとかないと危ないぞ」って言ったんでしょう。

ということは、「厚生労働省の年金は信用ならんぞ」と言ったようなもんじゃないですか。

安倍さんとしては、それは、全部が自分の責任になるから、「いやいや、そんなことありません」と、当然言うけど。

結局、財務省のほうは、「運用して、老後の資金をちょっと貯《た》めといたほうがいいよ」と、一部のところは言っといて、「年金のほうは信用ならんぞ」と言ってて、「いやいや、そんなことはない」みたいな感じで、両方抱き込んで、安倍さんが何となくまとめたように見せてるみたいな感じで。

ああいうのはねえ、もう〝綱渡《つなわた》りの芸〟だよね。……と見えますけどね。

シニア層や収入のない人にまでかかる消費税は好きではない

綾織　では、例えば、〝返り討《う》ち〟ではないですけれども、財務省マターの「消費税引き上げ」については、どのようにご覧になっていますか。

小泉進次郎守護霊　うーん、そっちで来たかあ。

いや、私だって、まだ先があるから、そんな簡単には引っ掛《か》からないつもりではあるんだけど。

うーん、基本的にはね、いやあ、老人や収入のない人にまでかかる消費税っていうのは、私は、あんまり、うーん……、好きではないんだけどね。本心的にはね。だって、お金が余ってる人は消費して、いっぱい買いすぎた人が税金をいっぱい払《はら》ってくれる分にはいいよ。

だけど、もう仕事がなくなって収入がない人が貯金を崩《くず》して使ってる金にも税金がかかるし、子供にもかかるし、ねえ？　職業に就《つ》いてない主婦にもかかるし、いろんな障害を抱《かか》えてるような人たちにだってかかるんで。基本的には、普通《ふつう》の活動に関しては、かかることになってるから。

そして、あれでしょう？「超《ちょう》マイナス金利」をつくって、運用が、非常に利益が出ないようになってるから、「貯金しておけば安心」っていう時代ではなくなってきてるな。目減りしていく可能性があるんだから。貯金は目減りして、消費税で、要するに、収入のない人でも払わされるっていうことになれば、老後は、だんだん厳しくなっていく可能性は高いわね。

綾織　はい。

小泉進次郎守護霊　あるいは、離職《りしょく》なり、クビを切られたりしたら、生活は非常に厳しい環境《かんきょう》だね。特に、フリーター系や、アルバイトで生活している人、そういう人たちは、そうとう生活は厳しくなるわね。

私としては、まあ、本心で言やあ、ずっと賛成はできないことだよな。

だから、野党のほうが正しいかなと思いつつも、自民党員であるからには、それは言えない。

綾織　そのへんが、やはり、言論的に厳しいというところですね。

小泉進次郎守護霊　言ったら「終わり」だろうよ。締《し》め上げられるだろうよ。

「次の総理候補」と言われたら、舛添《ますぞえ》氏と同じになる

綾織　安倍政権自体は、どこかでは終わるわけですし。

小泉進次郎守護霊　どっかではね。

綾織　で、「次の首相候補」といったところで、いろいろな人の名前が挙《あ》がっているわけですけれども、そのなかで、一番、二番を争うところで、小泉進次郎さんは……。

小泉進次郎守護霊　そういうねえ、名前が挙がった人はねえ、最後は、この前の舛《ます》添《ぞえ》（要一《よういち》・前都知事）さんみたいになるわけよ。

●この前の……　東大出身の国際政治学者として鋭い言論活動で人気を博した舛添要一氏は、参議院議員当選後、厚労相等を歴任。世論調査でも「次期首相候補」として名前が挙がっていた。しかし、東京都知事を務めていた2016年6月、政治資金を私的流用したとする雑誌記事で批判が高まり、辞職に追い込まれた。

綾織　ああ。

小泉進次郎守護霊　罠《わな》は仕掛けられることになってるんで。もう今、警戒《けいかい》、警戒、警戒、警戒情報ですよ。もう〝第四次警戒情報〟ぐらいまで来てる感じですかね。シェルターに隠《かく》れるかどうかの寸前ぐらいです。

綾織　守護霊さんですので、（警戒を）少し緩《ゆる》めながらお願いしたいところなんですけれども……。

小泉進次郎守護霊　ああ、そうだね。まあ、いいか。まあ、いいや。

綾織　ご自身としては、「自民党の将来」について、どのようにご覧になっていますか。

安倍さんの、もしかしたら統制なのかもしれませんけれども、なかなか自由な議論が行われていない自民党というものに、本当に未来があるのかどうかというのは、ちょっと気になるところです。

「もう一回、ぶっ壊《こわ》す」と言いたい

小泉進次郎守護霊　まあ、引っ掛け質問だろうとは思うけど、やっぱり、（『日本をもう一度ブッ壊《こわ》す　小泉純一郎元総理守護霊メッセージ』〔前掲《ぜんけい》〕を見せながら）親父みたいに、「もう一回、ぶっ壊す」っていうのを、私としては言いたいわね。

綾織　ああ、なるほど。

小泉進次郎守護霊　うん。もう一回、ぶっ壊さないと、自民党、駄目《だめ》だと思うなあ。

綾織　どういうかたちで壊していくんでしょうか。

小泉進次郎守護霊　あのねえ、だから、田原《たはら》（総一朗《そういちろう》）さんも、ちょっと何か言ってたけどさ、安倍さん自身は、この前の「法改正」で、日米が共同して軍事行動が取れるようになったからさ。「あれで、もう憲法改正の必要がなくなった」って言ってるんだよね。田原さん、証言してるじゃん。

憲法改正しなくても、もう何でもやれるようになってる。で、今、その傾向《けいこう》だよね。ほとんど「法律」で全部……。

「法律」だったら衆院、全部、通るからね。法律だったら、絶対、思ったとおり通るから、自民党のトップが言ったとおりに、まあ、敵さえ潰しとけば通るから。法律で、全部やれちゃうんだよ。

〝上皇制〟だって、そんなの別に「憲法」に載《の》ってないよね。

●田原さん、証言して……　ジャーナリストの田原総一朗氏が、2016年９月に安倍首相に会った際、「憲法改正」について訊くと、集団的自衛権の行使容認が決まったため、「憲法改正の必要はまったくない」と語ったことを明かしている。

綾織　そうですね。はい。

小泉進次郎守護霊　「法律」でつくれちゃったから。自衛隊だって、そんなの、「空母」のことを「護衛艦《ごえいかん》」と呼べば、それは、もう空母じゃなくて、護衛艦なんだからさ。もう、何でも通っちゃうんだよ。だから、これ、〝怖《こわ》さ〟はあるよ、ある意味でね。議論させないように持っていくからさ。

もう、ほんと、安倍さんはねえ、次、参院選で、おそらく「憲法改正」を言うと思うよ。ポーズとしては、そう見せなきゃ、保守層が応援《おうえん》してくれないじゃない。ねえ？

ポーズとしてはそう言うけども、「改正できないとしても、やっていけるよ」というのと、両方、抱き合わせで来るから。「憲法改正したいけど、できなくても、国は護《まも》れますよ」という、そういうふうなスタンスで来るね、きっとね。

●「法律」で……　皇室について規定する法律「皇室典範《こうしつてんぱん》」には、天皇の退位に関する規定がなく、「終身在位」が原則と考えられてきたが、現上皇一代を対象とする「天皇の退位等に関する皇室典範特例法」が制定された（2017年6月9日成立）。

3　憲法改正の「筋《すじ》」と「建前」

憲法学者・芦部信喜《あしべのぶよし》を知らない安倍《あべ》首相の「憲法改正の筋」

原口　幸福実現党では、憲法九条に関して、「自衛隊」ではなくて「軍」と明記するべきだというように訴《うった》えているのですけれども、自民党ですと、「自衛隊明記」というようになる可能性は高いと思います。

ズバリお伺《うかが》いしますが、憲法九条に関して、実際、どう思っていらっしゃるんですか。

小泉進次郎守護霊　まあ、おたくは宗教が母体《ぼたい》だから、それは嘘《うそ》はつけないわね。だから、騙《だま》してやれるのは、まあ、公明党ぐらいだわね、それができるのは。あそこは、在家《ざいけ》集団だから、別に構わないんで。「在家の講《こう》」出身だから、本物の本山《ほんざん》の宗教じゃないから、別に構わないだろうけど、君たちは、それは駄目《だめ》だろうね。まあ、憲法九条のところが中心だろうけど、前回は、何て言うかな、憲法改正手続きを容易化し、国会の過半数、国民投票で過半数を取れたらいけるようにしようとして、憲法学者あたりから〝総攻撃《そうこうげき》〟を受けて、引き下げたけどさ。

最近のどっかの新聞に載《の》ってたけどさ（東京新聞六月二十日付）、東大の、「夢の遊眠社《ゆうみんしゃ》」か何かから始めた劇団？　劇団の野田秀樹《のだひでき》さんだったかな？　東大の文Iで法学部を卒業してるかどうか、私、知らんけども、劇をやる人がいるじゃない。なあ？　あれが何か、新聞に書いてあったけど。安倍《あべ》さんと同世代でしょ。確か、同世代なんですよ。

「同世代で、私たちの世代で、憲法で、芦部信喜《あしべのぶよし》を知らないっていうのはありえないことです」と。安倍さんは、首相にまでなって、まあ、新人ならともかく、首相になって、「国会答弁で、『芦部信喜なんて人は知りません』と堂々と答えた」と。

「こんなこと、ありえない」ということを、野田さんが言っておられたから。劇をやってる人だけどね、いちおう法学部なんだが。「ありえない」と言ったけど、ここにすべて象徴《しょうちょう》されてるような気がするんですよ。

「解釈《かいしゃく》改憲、加憲の筋《すじ》」は正しいのか

小泉進次郎守護霊　憲法の、その手続きのところをいじったら、何でも憲法を変えられるようにしようとしてみたり、「改憲じゃありません。加憲です」と言って、憲法九条の一項《こう》、二項は残しといて、三項で、「自衛隊は存在できる」っていうのを載せれば、「憲法改正は、何もしてません。自衛隊はすでにあるので、その部分をちょっと追記して書いただけです」って、こう言うんでしょう。

だけど、憲法（九条）の一項は「交戦権を否定」してますし、二項は、「陸・海・空軍は保持しない。国の交戦権は、これを認めない」と、こうなんでしょ？　それで、第三項で、「自衛隊は存在する」っていうんでしょ？

そしたら、自衛隊というのは、これは陸・海・空軍以外の……、いったい、何だろう、〝宇宙軍〟？　何だろうね。

綾織　謎《なぞ》の組織ですね。

小泉進次郎守護霊　これは、〝謎のUMA《ユーマ》（未確認生物）隊〟だな（会場笑）。UMA隊だなあ。……ということになるわなあ。

だから、このあたりの、何と言うか、「詰《つ》め方」？　わざとはぐらかしてるのか、やっぱり、法学部卒にして憲法をまともに勉強してなかったのか、その両方なのか、分からないけども。

で、面倒《めんどう》くさかったら、もう、憲法をいじらないで、そのままやっちゃうんだろ？　法律で。法律ないし解釈《かいしゃく》でやっちゃうんでしょ。「解釈改憲しちゃえばいい」と思ってるんでしょう。

　このへんが、憲法学者や野党が……、まあ、弁護士なんかやってるような野党の議員や党首とかが、目くじらを立ててるところなんだろうとは思うけどね。

　私も、そんなによくは分からないんだけどね。学歴を見たら分かると思う。全然、分かってるはずないんだけど。ただ、筋《すじ》はね、やっぱり、「物事の筋は通したほうがいいんじゃないかな」と思うんですよ。

　「戦争ができない」「陸・海・空軍は持てない」「交戦権は否定する」。国際紛争《ふんそう》の解決手段としての交戦権を否定したら、イランのタンカーの護衛だって、これをしてたら交戦が始まりますよね、絶対。だったら、自衛隊は要《い》らんじゃん。こんなのねえ。

　だけど、「これは、自衛隊としての〝自衛〟をしたんであって、交戦したんじゃない」。映画の「空母いぶき」（二〇一九年公開／キノフィルムズ）みたいなもので、「これは〝戦闘《せんとう》〟であって、戦争ではない」みたいな感じで、最後まで通せばいいんじゃないの。

トランプ大統領の「日米安保《あんぽ》の片務性《へんむせい》」への指摘《してき》は「そのとおりだ」

綾織　少し、ご自身のお考えを訊《き》いていきたいのですけれども。

小泉進次郎守護霊　ああ。言ったことにならない？

綾織　例えば、トランプ大統領が、最近ですと、「日米安保《あんぽ》は非常に不公平である。自分たちは命を懸《か》けるのに、日本人はテレビを観《み》ているだけだ」というような発言をされています。

　こうしたものを受けて、やはり、日本の政治家としては、何かしら行動を起こしていかないといけないと、私どもは思うのですけれども、そのへんについてはいかがですか。

小泉進次郎守護霊　私が総理だったら、「そのとおりだ」って言うと思うよ。

綾織　なるほど。

小泉進次郎守護霊　トランプさんの言ってるとおりだよ。おっしゃるとおりだよ。トランプさんでも、七十二か三になるんだろうけど、それでも戦後世代だわな。先の戦争に従軍したわけでもないし、ブッシュ父ちゃん（ジョージ・Ｈ・Ｗ・ブッシュ）大統領みたいに、撃墜《げきつい》されて逃《に》げたとかいう、日本軍に撃墜されてパラシュートで逃げたとかいう人間は、「許すまじ」と思ってるだろうけどさ。それは、「日本に軍備されたら困る」と思うかもしらんが、（トランプ大統領は）戦後世代だから、公平に考えりゃ、それは、そうでしょうよ。

「俺《おれ》たちには護《まも》る義務があるけど、君たちは俺たちを護らなくていい」って言ったら、もう、要するに、「警察官 対 民間人」という感じじゃない。ねえ？　「君たちは小学生の群れなんかい？」というような、そんなふうには見えるわな。

トランプ大統領の「うさんくささ」と「手強《てごわ》さ」をどう見る

綾織　（トランプ大統領に対して）「そのとおりだ」という発言をしたあとに、「では、どうする？」ということになるわけですけれども、やはり、憲法九条改正をし、日本として……。

小泉進次郎守護霊　トランプさんのすごいところでもあるし、うさんくさいところでもあるのが、貿易とか、そういう「経済問題」と、政治の「軍事問題」とをひっくるめて、〝どんぶり〟でやってくるからさ。

綾織　（笑）

小泉進次郎守護霊　これには参《まい》るわなあ。日本だと、これ、役所がまたがるからさ、答えられないんだよ。縦割り行政だと。なあ？（トランプ大統領は）どっちでもいいんだろ？

だから、関税のほうとかさ、あんなのでも構わない。為替《かわせ》の調整でも構わない。あるいは、普天間《ふてんま》（の米軍基地を）引き揚《あ》げるんなら、その土地代を払《はら》ってくれるんでも構わない。でなければ、アメリカの軍事費を減らすために、自分たちで戦ってくれるんでも構わない。まあ、「何でもいい」と、こう来るからさ。

いやあ、実に、あっちも〝手強《てごわ》い〟のは手強いわなあ。

綾織　一方で、中国も、「経済」と「軍事」を一体化させていますので、対処の上でも、そういう道しかなく、日本も、そうやらざるをえないと思うのですが。

小泉進次郎守護霊　いや、日本は、まだ、でも、「経済優先」なんじゃないですか、基本的には。

綾織　経済を切り離《はな》して、中国と一緒《いっしょ》にやりたいということですね。

小泉進次郎守護霊　「軍事はアメリカが」って、やっぱり、吉田《よしだ》（茂《しげる》）さんの〝あれ〟が残ってるんじゃないですか。「軍事はアメリカが最終的にやるべきで、（日本は）経済をやるべき」だから。

だから、中国のほうは、ああやってご機嫌《きげん》を取って、来年の春に、桜の咲《さ》くころかどうか知らんけども、習近平《しゅうきんぺい》さんを「国賓《こくひん》」で待遇《たいぐう》するって言ったら、トランプさんは、「炉端《ろばた》焼きか？　オバマのときの寿司《すし》屋か？　どうするんだい、次の中国は」って、やっぱり、ちょっと嫉妬《しっと》するわな。

あるいは、「俺たちは、日本が中国から尖閣《せんかく》とかをやられたときに戦うために、アメリカ人を死なせる覚悟《かくご》でやっているんだけど、一緒なのか」「儲《もう》かるんだったら、アメリカからでも中国からでも、もらった金は一緒だっていう、そういう考えかい？」って、やっぱり、思ってるだろうな。

だから、「日米安保は、もう、引っ繰《く》り返るかもしらんよ」みたいなことを、チラッと言ってみたりして、揺《ゆ》さぶってはいるんだろうと思うんだよな。

綾織　なるほど。

4 「外交と経済の安倍《あべ》」？——その実態は

G20《ジートゥエンティ》での表発言、裏《うら》発言

吉井　今、中国についてのお話がありましたけれども、今回、「逃亡犯条例《とうぼうはん》」に関連して、香港《ホンコン》ですごく大きなデモがありました。

小泉進次郎守護霊　ああ、ああ。香港な。

吉井　やはり、「G20《ジートゥエンティ》で、そうした問題提起を日本からするべきではなかったのか」というような声もあると思うんですけれども、このあたりについては、どのように思っておられるのでしょうか。

小泉進次郎守護霊　アメリカに対しては、自由貿易を阻害《そがい》して、要するに、一国保護貿易に入ろうとしているのに対する非難決議の採択《さいたく》はできなかったね、アメリカの反対で。

もう一つは、「中国をいじめたら、ほかの国も大きな被害《ひがい》が出るぞ」ということで、習近平《しゅうきんぺい》の「香港問題は出すなよ」という圧力。

この両方に屈《くっ》して、両方言わなかった。だから、結局、〝メダカの学校〟だわな。いや、だから、「覇権戦争《はけんせんそう》」なんだよ。「覇権を取る者同士の戦い」であって、あとは、「その他大勢」なんだよ。

アメリカに対抗《たいこう》しようとＥＵが一体になれば、「経済規模」も「人口」も「軍事力」も、そこそこになるからね。一つの極はつくれるけども、トランプさんは、これをばらしたら、要するに、ＥＵを一つとして見たときの覇権を、一つ崩《くず》せるしね。ＥＵを崩せるし。次、中国の覇権も崩したいだろうし。

まあ、〝覇権崩し〟をお互《たが》いにやっているんだと思うんだよな。だから、言えるわけないじゃん。少なくとも、安倍《あべ》さんは絶対に言えない。言うわけないよな。だから、予想どおりではあったわな。

まあ、裏ではコチョッと言ったんだろうけどさ。そりゃあ、やっぱり、「香港をあんまりいじめないほうがいいですよ」ぐらいは、裏では言っているとは思うけど、公《おおやけ》に中国に恥《はじ》をかかすようなことを言えるわけないじゃん。あとは、たちまち観光客が急に来なくなったりするじゃない。

その「曲芸外交」は、どこで破綻《はたん》する?

綾織　この覇権戦争自体は、もう、二〇二〇年代、三〇年代と、ずっと続いていくと思います。そのなかで、小泉進次郎さんは、おそらく出世されて、首相まで行けるのかどうかについてはいろいろあるとは思いますけれども、この中国の問題というものをずっと考え続け、対応し続けなければいけないわけです。この問題については、どういうふうに考えられますか。

小泉進次郎守護霊　今のところ、軍事的にはアメリカに護《まも》ってもらわないと、日本はもたないでしょ。

経済的には、今、アメリカは、〝日本をいじめよう〟とする傾向《けいこう》が出てきてるから。だから、中国のほうも、「いじめられたら困る」って言って、日本のほうに〝すり寄って〟こようとしてるんで。中国がすり寄ってくるのはまれに見る機会だから、「経済的なところでは協力関係をつくったら、これで、アメリカは強いことを言えなくなる」みたいなバランスを取って、両天秤《りょうてんびん》にかけようとして。

さらに、ロシアにまで〝ちょっかいを出して〟みたり。まあ、ロシアも、次の覇権を目指してますからね。中国をもう一回追いかけて、追い抜《ぬ》こうとしているところだろうから。

まあ、（安倍首相は）そういうことをやれる人、〝曲芸ができる方〟なんだろうとは思うけどさ。うーん、まあ、どっかで破綻《はたん》するわな、どうせね。ハハハッ（笑）。

「私なら、どの国にも自分の考えを出し、〝踏《ふ》み絵〟を踏んでいただく」

綾織　破綻したあとに、自民党の若いみなさんが責任を負っていくことになるわけですけれども。

小泉進次郎守護霊　うーん。まあ、私はちょっと、「自分の考え」をはっきり出して、〝踏《ふ》み絵〟をちゃんと踏んでいただこうかなとは思ってるけどね。

綾織　おお。それは、中国に対して？

小泉進次郎守護霊　いやあ、いやあ、どこの国に対しても。

綾織　どこの国にも。

小泉進次郎守護霊　うん。いや、私の考えから見て、正しいと思うか正しく思わないかは、はっきり言おうとは思ってるけどね。

綾織　それは、何を物差しにされようとしていますか。

小泉進次郎守護霊　それは、「自分自身の良識」でしょう。それはそうだよ。それ以外に縛《しば》られるものはない。

綾織　今の時点では、中国に対しては、どういう良識を示されますか。

小泉進次郎守護霊　うーん、今のところは、だから、賃金が上がってしまえば、中国の、「安い生産ができる工場」という、「世界の工場」という役割は、もうすぐ終わるわな。あと、次は、「消費者」として〝物を買う大国〟になれるかどうかのところはあるかとは思うけどね。

うーん、まあ、そうだね。うーん……、私もちょっと、何か親父《おやじ》に似て、あんまり〝複数の戦い〟をするのは面倒《めんどう》、得意でないので。どっか一つをズバッとやって、グリグリッとやってしまいたいタイプなんで。

綾織　なるほど。

小泉進次郎守護霊　安倍さんみたいに、皿回しみたいなことは、少しできにくいんで。

まあ、アメリカと、そんなに戦争はしたくはないけどね。基本的には ね。自分的にも。

「米国と軍事同盟・中国と経済同盟の両天秤《りょうてんびん》」をごまかす接待政治

小泉進次郎守護霊　中国は、そうだなあ。まあ、安倍さんは、たぶん、腹のなかでさ、「香港、台湾《たいわん》ぐらいは、もう取られてもしょうがない」と思ってるんじゃないの。

綾織　そうですか。

小泉進次郎守護霊　うんうん。たぶん、そうだよ。

綾織　おおー。

小泉進次郎守護霊　だって、経済規模から考えりゃ、そうなるもん。どう考えたって。

綾織　ただ、台湾を取られるということは（苦笑）、ほとんど日本も取られるのと同じですよね。

小泉進次郎守護霊　いやあ、構わないんじゃないの。だから、（中国が）「日本を取る」って言うんだったら、アメリカが軍事的には戦ってくれると。その代わり、見返りとして中国は、「日本から物をいっぱい買ってくれる」、あるいは、「安くつくって送り続けて、日本経済の発展、消費促進《そくしん》のために支える」と。

うん、「経済同盟」は中国で、「軍事同盟」はアメリカで、これ、〝両天秤《りょうてんびん》〟して生き残ればいいと思ってるんじゃないの？

綾織　ほう。それは、トランプさんとしては、もう許されない範囲《はんい》に入っていくでしょうね。

小泉進次郎守護霊　うん。それがね、そこを接待でごまかすのが〝あれ〟だからね。

綾織　（笑）接待。

小泉進次郎守護霊　「接待政治」して、ええ。

今の沖縄《おきなわ》なら、台湾《たいわん》とセットで中国に取られるかもしれない

綾織　ご自身では、台湾《たいわん》のところについては、どう思われていますか。

これは、習近平氏が、「武力併合《へいごう》もありうる」と実際に言っているわけですけれども……。

小泉進次郎守護霊　いやあ、個人的感情としてはね、まあ、許せないよ。これは、「弱い者いじめ」みたいに見えるよな。

綾織　はい。

小泉進次郎守護霊　かわいそうじゃん。まあ、蛇《へび》に睨《にら》まれたカエルみたいなものじゃん、ほとんど。

地政学的に見たら、たぶん、大中国に「台湾を取る」っていう執念《しゅうねん》を燃やされたら、カエルはもう動けないわね。もう逃《に》げるところないもんね？

それで日本はホニャホニャホニャホニャホニャして、ねえ？　それで、「憲法九条改正しようかな、やっぱりやめようかな」、「アメリカの基地反対運動が起きてるから、中国寄りになるのかな、ならないのかな」。

もう、中途半端《ちゅうとはんぱ》な感じでやってるうちに、歴史的にどうにか片付きゃいいと思ってるんだよ、日本の〝忖度《そんたく》政治〟はな。

綾織　台湾を護る体制をつくりますか。

小泉進次郎守護霊　あるわけないじゃん、日本政治に……。私？

綾織　ご自身として。

これは、沖縄《おきなわ》、九州を護ることと同じだと思うんですけれども。

小泉進次郎守護霊　いや、一緒《いっしょ》じゃない。それは一緒じゃない。もちろん、それは一緒じゃないから。

だから、（台湾とは）正式な国交はまだ結んでないし、アメリカだって、まあ、「台湾関係法」はあるけど、別に、正式な同盟国というふうにしているわけじゃないから。水面下のあれだからね。

綾織　ただ、中国側のプランとしては、台湾を攻《せ》めるのと沖縄を攻めるのとはもうセットになっていますので、やはり、日本がどう対応するのかということは非常に大事だと思います。

小泉進次郎守護霊　まあ、今の沖縄だったら、それは取られるかもしれないね。あんなの、だって、（玉城《たまき》デニー）知事さんが、もう（沖縄を）中国の一省にしてほしそうじゃない。ねえ？

綾織　そうですね。

小泉進次郎守護霊　〝シルクロード〟は、沖縄からスタートしてほしいっていうぐらい……。

綾織　沖縄県知事は「一帯一路《いったいいちろ》を沖縄からやってほしい」と言っていますよね。

小泉進次郎守護霊　これはもう、中国語をしゃべったほうがいいぐらいだろうね。「元に戻《もど》りたい」って言うんでしょ？　「琉球《りゅうきゅう》に戻りたい」って言っているので。

安倍《あべ》首相の強みは、「接待で外交と経済を両方やる」こと

綾織　小泉進次郎さんは、農林部会長、厚生労働部会長をされていますが、外交関係ももうちょっと頑張《がんば》ってほしいと思います。

小泉進次郎守護霊　いやあ、それはね、全体を言うには、（私は）ちょっとキャリア不足で、年齢《ねんれい》不足で、あれなんですけど。

●沖縄県知事は……　2019年４月26日、沖縄県知事の玉城《たまき》デニー氏は、定例記者会見で、日本国際貿易促進協会の訪中団の一員として訪中した際に、「『一帯一路』では日本の出入り口として沖縄を活用してもらいたい」と提案したことを明かした。

まあ、安倍《あべ》さんは、それは「外交の安倍」なんでしょ？

綾織　はい。

小泉進次郎守護霊　まあ、「外交の安倍」の、「経済の安倍」なんでしょ？　だけど、「経済の安倍」のほうは、もうはっきり言や、「成果が上がった」って、今、言ってるけどね。「雇用《こよう》が伸《の》びて、GDPが伸びて、税収も最高になった」って言って、今は、一生懸命《いっしょうけんめい》宣伝はしてるけど、三十年間低迷《ていめい》してるからね。まあ、ちょっとしたことでも、これは反応しますからね。

綾織　安倍政権下の経済は、輸出のところと、あとは中国人の観光客のところで伸びているので……。

小泉進次郎守護霊　抜こうとしてるんだろ？

綾織　はい。

小泉進次郎守護霊　それを減らされたら、あっという間に減り始めるんだよ。だから、海外から来る観光客を増やそうとしてるんだろ？

綾織　はい。

小泉進次郎守護霊　フランスなんか、（外国からの観光客が）日本の三倍もあるからさ、増やそうとしてるんだろうけど。いや、基本的には、この強みは「接待」なんだよな。

綾織　（笑）なるほど。

小泉進次郎守護霊　接待で全部やる。「外交」と「経済」と、両方をやろうとしてる。

で、今、消費経済というか、それにつながるけど、サービス業？　日本は七十パーセントがサービス業ですから。もう、ほかの産業はほとんど滅《ほろ》びてるようなものなので。

いや、サービス業ということであれば、まあ、それは、旅行関係等もそうとう大きいわな。だから、基本的な頭はそこにあるから。

アメリカ人が観光客として日本にたくさん来るはずが、そんなにはないんでね。だから、アジアから呼ばなきゃいけないんだろうから。

5　小泉進次郎氏の人気の秘密は

「政権と選挙にダメージのない範囲《はんい》」の〝尖《とが》り方〟しかしない理由

綾織　小泉さんは若手政治家ですので、若手から質問をさせていただきます。

原口　ありがとうございます。あの……。

小泉進次郎守護霊　結婚《けっこん》しない理由、訊《き》かないでね。

原口　（笑）話は少し変わるんですけれども、小泉進次郎さんは演説が非常に上手で……。

小泉進次郎守護霊　ありがとう。

原口　また、ファッション等も、一日に七回ぐらいネクタイを替《か》えたりするなど、そういう部分もあり……。

小泉進次郎守護霊　そう、そう、そう、そう、そうそう……。

原口　若者からも、非常に人気のある政治家というように思われていると思います。

小泉進次郎守護霊　ああ、そう？　何か、とろかしてくるね、この人ね（会場笑）。

原口　（笑）何か人気の秘訣《ひけつ》みたいなものというのは……。

小泉進次郎守護霊　いや、ないですよ。全然そんなもの、ないですよ。まあ、なるべく自分らしくやっているだけで。

原口　なるほど。

吉井　先ほど、「ワンフレーズで切り取る」というようなお話もありましたけれども、やはり、そういったところを……。

小泉進次郎守護霊　まあ、頭が単純なのかもしれないけどね。父親からね、やっぱり、一刀《いっとう》でチョッというのを教わっているからさ。だから、効果的な一刀を打ち下ろす練習をしなきゃいけない。

原口　先ほど、「選挙でも、八十パーセントから九十パーセントぐらいの人に投票してほしい」というお話がありましたけれども、特に、若者世代の投票率が非常に低いので、若者に政治に興味を持ってもらうために、何かアドバイス等がありましたら、教えてください。

小泉進次郎守護霊　いやあ、苦労してんのよ。それは、私らが中心的に活動できれば、私らの世代がね、若い人にもうちょっと〝キャッチーな政策〟とか提言できるし、PRもできるんだけど、実際は〝長老政治〟をやっているからね。

私らは、あと二十五年から三十年かかるから、彼らのところまで行くのに。だから、年取るのを待つしかないからね。それで、若くて生意気《なまいき》だったら、すぐ〝消されれ〟ますから、当然ながら。まあ、日本はほかでもそうですけどね。だから、まあ、しょうがないけど。

頭のいい人たちも、年を取るとだんだん〝まろやか〟になっていくからね。霞《かすみ》が関《せき》の官僚《かんりょう》たちは、頭はいいんだけどさ。頭は政治家よりずっといい人も多いんだけど、六十ぐらいにまでなってくると、だんだん〝まろやか〟になってきて、自分の退職金を考えて発言するようになるからさ、使いやすくなってくる。

若い人たちは使いにくいけどね。そこは、〝ドブさらい〟をやらせてね、やっぱり時間を稼《かせ》がなきゃいけない。

私なんかも、もともとだいぶ〝尖《とが》ってる〟からさ。だから、なるべく選挙で勝てる程度の尖り方にして、まあ、「政権にダメージが出るほどまでの尖り方はしない程度で止《と》めなきゃいけない」と、いつも、まあ、心してるところよ、うん。

自民党もあちこちの宗教団体から陳情《ちんじょう》を受けている

原口　以前、農林関係のお仕事をされていたときに、ある意味聖域だった「農協の改革」に踏《ふ》み込《こ》まれたことは、非常に勇気があると思いました。

また、先ほど、「自分の良識に従って判断している」というようにおっしゃっていたんですけれども、その良識のもとにある考え方というのは、どういったところをもとにしているのでしょうか。
例えば、幸福実現党では「自由・民主・信仰《しんこう》が大切だ」というように言っているのですけれども……。

小泉進次郎守護霊　いやあ、うちも「自由民主党」だから、まあ、「三分の二」は一緒《いっしょ》だな。

原口　（笑）

綾織　「信仰」がいちばん大事です。

小泉進次郎守護霊　うちは、「信仰」は、いろいろ宗教票をもらっているから、票をくれる宗教には〝飴玉《あめだま》〟を配ってるよ。それはな、当然な。陳情《ちんじょう》をいっぱい受けて、やっぱり、やっていると思うよ。「あっせん収賄《しゅうわい》罪」にかからないように、いろんな宗教に便宜《べんぎ》を図《はか》ってると思うよ。

君たちは党を立てたから、今、便宜を図れなくされてるとは思うよ、うん。

一生を通じて実現したいこと

綾織　ご自身のそういう「信じるところ」という意味合いでは、政治家となられて、「一生を通じて実現したい」と考えられているものは、何かありますか。

小泉進次郎守護霊　うーん……。そうだね、何て言うか、日本人ってさ、水面下に心を隠《かく》して、本音《ほんね》は言わないで、「以心伝心《いしんでんしん》型」で政治をやろうとするじゃん？　マスコミでさえそれじゃない？　ねえ？

綾織　はい。

小泉進次郎守護霊　マスコミでさえ、忖度《そんたく》して、書いたり書かなかったりするじゃん？　マスコミでさえ、「読売」や「産経」だったら、安倍《あべ》さんの悪口を書いたら左遷《させん》されると言ってるじゃん、なあ？　はっきり。

こんなマスコミは、ちょっと、あんまり……。どうだろうかねえ、これ、官僚みたいだね。まあ、おかしいな。

アメリカの影響《えいきょう》はあると思うけど、もうちょっと〝ディベータブル〟っつうか、ちゃんと議論して、「意見が違《ちが》っても議論して、決着がついたら、それに従う」みたいな、民主主義の原理に則《のっと》った国にはしたいよね。

だから、(今の日本は)あんまり民主主義的とは思わないので。やっぱり、「空気の支配」とか、そういう「以心伝心」、「忖度」、まあ、こういう、東洋的と言やあ、東洋的かもしれないが、特に日本的な、人より目立たないように、「みんなが賛成なら賛成する」みたいな感じの政治だと、これは昔の「村の会合」みたいな感じに見えるから、やっぱり、もうちょっと議論を立ててやれるようになるといいなあと思うんだけどな。

綾織　そうですね。

6　嫉妬《しっと》されたら、それで消える政治の世界

財務省・厚労省・外務省の利害の違《ちが》い、政府の整合しない考え方

吉井　今、トランプ政権では、大幅《おおはば》な減税をすることで、経済や景気がよくなり、株価も上がっていき、その結果、（社会保障基金の運用益も増えて）年金なども支《し》払《はら》いが楽になっています。年金等についても、非常にプロ・グロース（成長支持派）というか、経済成長を応援《おうえん》する考え方を組み合わせた政策をやっていますけれども、その「ディベータブル」ということで、年金について、小泉議員が考えているビジョンを教えてください。

小泉進次郎守護霊　いやあ、だから、「厚生労働省」と「財務省」は違《ちが》うし、あと、

「外務省」も違うから（笑）、日本では、それは一致《いっち》しない感じなんだよな。「アメリカがやってるから、日本もやろう」とはならないところだな。

まあ、財務省では、「とにかく入るのが多ければ多いほどいい」っていうような基本原則は、まあ、そのとおりだな。

年金は、出ていくほうだからな、基本的にはな。

それと昔は〝逆〟になってたんで。だから、財務省のほうでは、「国債《こくさい》」の利払いが低いほうがいいから、金利が低きゃあ低いほどいい。一方、「年金」のほうだったら、普通《ふつう》は運用して年金を膨《ふく》らませて、そうしたら自動的に、あとで受け取れる額っていうか、支払ってもらえる額が増えるので、それだったら利回りがよくなきゃいけない。

すると、財務省の〝あれ〟と合わないでしょう？（財務省としては）「利子が高けりゃ、利払いだけで増税しなきゃいけない」みたいな感じになってくるから。こんところ、不整合。整合してない部分はあるんで。

トランプさん的な考えは、レーガンさんのときの考えに近いやつだろうけど、〝博打《ばくち》〟は〝博打〟だからね。成功する場合は成功。それで経済成長した場合は、収入が増えることもあるし、君たちもそう言ってるんだろうけど。「税金を下げました。経済成長しませんでした」っていった場合は、〝倒産《とうさん》〟だからさ。国家は倒産になるから。

そこのところが、読みだな。やっぱり博打にはなるな。

首相と同じ領域が得意な人は、後継者《こうけいしゃ》にはなれない

吉井　先ほど、お話のなかで、「間合いを見ている」とおっしゃっていましたが、そこと、ご自身の大事にされている考え方との兼《か》ね合いが……。何と言いましょうか。やはり、「状況《じょうきょう》を見て、いちばん間合いのいいところを斬《き》っていく」というスタンスであられるのでしょうか。

小泉進次郎守護霊　とにかく、安倍《あべ》さんは「外交」で売りたいから、「外交」の発言は減らしてるんですよ。あんまり言わないようにしてるんですよ。自分が得意な領域と同じ領域が得意な人は、後継者《こうけいしゃ》に絶対しないから、自民党の場合は。（自分が得意な領域が）苦手《にがて》な人に後《あと》を譲《ゆず》るのが基本なんで。鈍《にぶ》そうな人に譲るから。

だから、外交のことはあんまり言わないようにしてるのと、「経済の安倍」とも言ってるから、経済成長についての発言もあんまり言わないようにはしているけど、内部的に持ってるものはいっぱいあるよ。うん。

昇進《しょうしん》を急いでいないように見せなくてはいけない

綾織　首相候補ナンバーワン、ナンバーツーぐらいに入る方ですので、「この人は、やはり、日本を託《たく》せる人だ」と感じさせる部分をぜひ。

小泉進次郎守護霊　いや、嫉妬《しっと》されたら、それで〝消える〟んだよ。

綾織　一部分なりとも出してもらえたら。

小泉進次郎守護霊　ナンバーワンだろうが、ナンバーツーだろうが、消えるんだから。別にそれは政治だけじゃないんだよ。会社の次の社長候補とかで名前と顔が出ただけで、みんな消されていく、社長に。

綾織　いろいろな評価はあると思うんですけれども、今までの感じですと、何となく「(霊言《れいげん》の内容が)〝普通っぽい〟かな」という感じがありまして……。

小泉進次郎守護霊　普通っぽい。普通っぽい。

綾織　もう一段、ご自身を売り出してもらってもいいのかなと思います。

小泉進次郎守護霊　（訊《き》き方が）若いころの田原《たはら》（総一朗《そういちろう》）さんみたいになってきたな。うーん……。

「売り出す」と言ったって、私らぐらいの年齢《ねんれい》で経歴だと、霞《かすみ》が関《せき》の官僚《かんりょう》を使うだけでも大変なんだからさあ、けっこう。ほんとに。みんな言うことをきかない。もう鼻高々の人たちだから。

まず官僚を使えないと、政治家としては一人前になれないから。で、政治家のなかで、ある程度支持を得なきゃいけないので。それで「雑巾《ぞうきん》がけ」と言って、人がやりたくないところをなるべくやって、昇進《しょうしん》を急いでいないようになるべく見えるように、頑張《がんば》るしかないのよね。

独身でいる理由

綾織　先ほどのご発言からすると、「自民党をぶっ壊《こわ》すという部分もある」ということでしたので、あえてお訊きしたいのですが、自民党が党内で議論をしなくなった一つの要因として、やはり「世襲《せしゅう》政治家が多い」ということがありますよね？

小泉進次郎守護霊　それを言ったらもう。（私も）一緒《いっしょ》じゃない？　〝自滅《じめつ》〟だ。自滅だよ。

綾織　〝ご自身がご自身を壊す〟というのは、ちょっと難しいとは思うんですが。

小泉進次郎守護霊　それはきつい。いやあ、そら、世襲制を壊そうとして、今、独身です。

綾織　そういう意味合いなんですか。

小泉進次郎守護霊　ええ。いやあ、でも、独身でも（子供が）できてしまうことはあるから、世襲できないわけではない。

綾織　（笑）まあ、そうですね。

小泉進次郎守護霊　（結婚《けっこん》すると）人気が落ちるからねえ。私もタレントみたいなもんなんで。

綾織　やはり、忖度《そんたく》するとか……。まあ、世襲制的なかたちで、小泉さんとか、福《ふく》田《だ》さんとか、いろいろな二世議員、三世議員、四世議員がいますけれども、そういう人たちを盛り上げていくみたいな感じのなかで、「議論をせず」「重要な論点も出さず」というようなところがあると思うんですよね。

小泉進次郎守護霊　ええ。政治家の子弟《してい》としては、みんな、「忖度政治」とか、「以《い》心伝心《しんでんしん》政治」、「空気の政治」、こういうのを教わるんだよな、親からな。

綾織　もしかしたら、ご自身もそれを加速させるかもしれない立場にいることは、間違いないわけですよね。そして、「それをやはり変えていきたい」ということであれば、何か、自民党を変化させていく問題提起が要《い》るのかなと思います。

小泉進次郎守護霊　今の状態では、何て言うか、結婚して、少子高齢化問題を支える音頭《おんど》を取るのは、ちょっと取りにくい感じであることはあるけどさあ。（原口を指して）君だって、私が独身と独身でないのとで、やっぱり対応は変わってくるだろう？　やっぱり。ねえ？

原口　かもしれません（笑）。

小泉進次郎守護霊　独身のほうがやっぱりいいでしょう?　何かの、何かがあるかもしれないからね、そら。

そういう独身の人も増えてるからね、今。

綾織　何か本音《ほんね》を隠《かく》されている感じがします。

小泉進次郎守護霊　煮《に》え切らない。煮え切らないねえ。ほんとだ。もう〝農業（関係）をやってる〟うちに煮え切らなくなっちゃって。

綾織　チラチラと出ているんですけれども。

小泉進次郎守護霊　ああ。

7　幸福実現党に意見を言わせて、票は取る自民党

自民党が言えないことを、代わりに言っている幸福実現党

綾織　「幸福実現党のことは、それなりに評価されているのかな」という雰囲気《ふんいき》がありますけれども、どのように見ていますか。

小泉進次郎守護霊　いや、勉強になるよ。君らが言っていることはよく勉強になる。「ああ、なるほど。自民党が言えないでいることは、こういうことなのか」っていう。ほんとは、「安倍《あべ》さんが先鋭《せんえい》化する」っていうか、尖《とが》ってきて意見を言いたい放題言えば、たぶんこんなことを言うのだろうけども、あの人も、口に蓋《ふた》をして我慢《がまん》しているんだろうと思うよ。おそらくね。

「それを、代わりに、あなたがたが言っている」ような感じには見える。そういう補完関係は、きっとあるんだろうなあ。

自民党のなかで言える人がもういないから、ほとんど。「幸福実現党に言ってもらって、票だけは自民党が頂く」と、まあ、そういう構図だろう？　だから、「自民党の票を減らすところまでやったら、幸福実現党をいじめる」と、まあ、そういうことなんだろうと思う。

幸福実現党がテレビの討論会に出られないのは、政界からの圧力

綾織　ある程度、正確な分析《ぶんせき》だと思いますが、ご自身としては、自民党を議論できる政党に変えていくという意味では、「一部、幸福実現党の議論を取り入れていったほうがいい」というお考えですか。

小泉進次郎守護霊　今日、日曜日かな、知らんけど。いや、討論会とかいろいろや

ってるだろうけどさ、テレビで。君たちは出れないんだろう？　ね？

綾織　残念ながら、参加はできていないです。

小泉進次郎守護霊　それはねえ、政治の圧力ってあるからね。「幸福実現党も保守だから、出してやれよ」って、もし首相なり、（自民党）幹事長なり、官房長官《かんぼうちょうかん》なり、総務相なりが一言《ひとこと》言えば、君たちの党首はテレビ討論会に出れるんだよ。一言言えばね。でも、絶対言わない。票をやりたくないからね。

言えばできるよ。安倍さんが言ったら。だって、（マスコミの上層部と）しょっちゅう会食してるじゃん、銀座《ぎんざ》や赤坂《あかさか》で。そのときにさ、酒飲みながらさ、「幸福実現党もいいことを言ってて、僕《ぼく》が言えないようなこともよく言っているから、たまには討論会に出してやれよ。月一回ぐらいいいんじゃねえか」とか一言のたまったら、みんな出れる。出れるようになるよ。だけど、絶対言わない。うん、そう。

綾織　まあ、そのとおりですね。

小泉進次郎守護霊　できるんだよ。そんなもん法律も何も関係ないんだよ。できるんだよ。（マスコミは）忖度《そんたく》してんだよ。「票を取られたくないだろうな」と思って。「意見だけ出したらいい。票は取るな」。これが自民党の今のスタンスだよ。

綾織　もし可能であれば、小泉さんが一言……。

小泉進次郎守護霊　私が言ったって、そら無理だよ。私が言ったぐらいで、テレビ局やＮＨＫの会長は聞いてくれませんよ。私が言ったぐらいでは。
　私が出るんだって、出してくれるかどうか、まあ、難しいんだから、十分。「今出したら、自民党から怒《おこ》られるかもしらん」と思うたら、出してくれないよね。

安倍《あべ》首相の引退時期についての観測

吉井　「ディベータブルな自民党」にしていくために、いつあたりを目処《めど》に……。

小泉進次郎守護霊　安倍《あべ》さんの引退を待ってる。総理の引退を待っています。早けりゃ二年以内。解散してたら、もしかしたら今年だったかもしれないけど、早けりゃ二年以内。でも、もしかしたら〝永久政権〟を狙《ねら》うかもしれないから、めったなことは言えない。

吉井　では今、そこに向かって、かなり作戦を練っておられると。

小泉進次郎守護霊　そうなんです。いやあ、やっぱり私としては、「（首相は）交替《こうたい》制にするのが民主的でいい」と思うんだけども、（安倍首相は）「習近平《しゅうきんぺい》やプーチンさんとの交渉《こうしょう》を続けるためには、やっぱり七十五歳《さい》定年ぐらいで、総理をやりたい」とか言い出すかもしれない。そうしたら、法律ができれば、すぐ通っちゃうよ。ねえ？

綾織　守護霊さんから、もう少し本音《ほんね》を伺《うかが》いたかったなと……。

小泉進次郎守護霊　まあ、質問によるわな。質問によるわな。

綾織　そうですか。

小泉進次郎守護霊　私が失言していい範囲《はんい》があるからさ。「質問が巧妙《こうみょう》だったために、引っ掛《か》かった」と思われるぐらいの上手な質問をしてくれれば、本音でしゃべるかもしれないけど。

8　〝斬《き》れ味の鋭《するど》い〟過去世《かこぜ》

「安倍《あべ》・菅《すが》・私らは正規で政治家になれる筋《すじ》じゃない」という合意

綾織　では、霊的《れいてき》な部分になりますが、「ご自身は、どういうご存在なのか」というあたりを教えていただけないでしょうか。教えていただけると、先々、プラスも出てくるかなと思います。

小泉進次郎守護霊　霊であることは知ってるよ。うんうん。霊であるし……。

綾織　信仰心《しんこうしん》も……。

小泉進次郎守護霊　ないことはないよ。ある。あるだろう。だから、日本的なものにも郷愁《きょうしゅう》は感じるが、日本的でないものにも郷愁を感じるものはあるわな。うん。

綾織　議論を大事にするという意味では、欧米《おうべい》的な考え方が、魂《たましい》としてもあられるということでしょうか。

小泉進次郎守護霊　うーん。だからね、安倍《あべ》さんにも言いたいことはあるんだけども、まあ、裏では、菅《すが》（義偉《よしひで》）さんとか、安倍さんとか、私とかはね、「俺《おれ》たちは正規には国会議員になれるような筋《すじ》じゃないんだよね」って感じの合意はあることはあるからさ、それなりに難しいところはあるね。

幕末に「保守」の立場で刀を振《ふ》るった

綾織　「魂的にどうなのだろう」という部分ですけれども、日本で活躍《かつやく》されたと、まずは理解してよろしいんですよね？

小泉進次郎守護霊　それはそうかな。まあ、それはあるよな。うん。

綾織　「斬《き》り込《こ》んでいく」というようなかたちのご発言からすると、侍《さむらい》、武将のようなイメージもあるのかなと思います。

小泉進次郎守護霊　うーん。ちょっとあるな。うんうん。ある。あるような気がする。

綾織　時代的には、侍の発祥《はっしょう》の時代なのか、戦国のあたりなのか。

小泉進次郎守護霊　「新撰組《しんせんぐみ》」のなかにいたような気はするんだよなあ。

綾織　新撰組ですか。

小泉進次郎守護霊　うん。何となく、波型の……、（羽織《はおり》）袴《はかま》の、白波《しらなみ》が立ってるような。これがやっぱりチラチラするから、そうだろうと思うが。

原口　何番隊とか。

小泉進次郎守護霊　いやあ、そりゃ、どうかな。いやあ、そりゃあ、難しいな。難しいけど、うーん。新撰組にいたような気がするな。だから、何かプスッと斬るのは好きだな。

吉井　そのときは、どちらかというと、幕府を護《まも》る側という感じですか。

小泉進次郎守護霊　新撰組は、まあ、いちおう「保守」であったんだけどね。もとは〝警視庁〟だったんだけど、〝政府〟(幕府)が転覆《てんぷく》したから、次は処刑《しょけい》される側に回っちゃったんで。

うーん……。池田屋《いけだや》あたりは、討《う》ち入ったような気は、ちょっとするんだがなあ。何となく斬ったような気がする。

(会場を見回しながら)何か、このへん、ちょっと、どこかに敵がいそうな気がする。斬ったやつ、いねえかな。大丈夫《だいじょうぶ》かな。

敵は「長州《ちょうしゅう》」にあり?

小泉進次郎守護霊　(質問者の吉井に)君の上司あたりにはね、何か恨《うら》みを買って

●池田屋あたり……　1864年6月、京都の旅館・池田屋に潜伏《せんぷく》していた長州藩などの尊皇攘夷《そんのうじょうい》派の志士達を、新撰組が襲撃した事件(池田屋事件)。

るような気がするんだが。うん？　何か、怪《あや》しい感じがする。

綾織　ああ。なるほど。やはり、長州系《ちょうしゅう》はちょっと、まずいわけですね？

小泉進次郎守護霊　ちょっと怖《こわ》い。長州系は怖いね。やっぱり、寝首《ねくび》をかかれないように気をつけないといけない気はするね。

何か、そういう、颯爽《さっそう》と歩いていて、行くときはダーッと斬り込んでいくような感じは好きなので。これで、親子の縁《えん》で惹《ひ》かれたんだろうかなとは思うんだがな。

綾織　ああ、なるほど。

原口　初めに斬り込んでいくようなタイプの方？

小泉進次郎守護霊　うーん……。新撰組で強かった順番とか分かる？

原口・吉井　斎藤一《さいとうはじめ》とか……。

小泉進次郎守護霊　斎藤一ではない。

原口　永倉新八《ながくらしんぱち》？

小泉進次郎守護霊　「永倉新八」っていう名前は、何か、すごく響《ひび》くなあ。すごく響く名前だね。

原口　ああ……。

●永倉新八（1839～1915）　幕末の武士、明治時代の剣道家。松前藩《まつまえはん》を脱藩後、近藤勇《こんどういさみ》と知り合って浪士組《ろうしぐみ》に参加。その後、結成された新撰組では二番隊組長となり、池田屋事件に加わった。新撰組を代表する剣の使い手として知られる。新撰組幹部の数少ない生き残りとして貴重な証言を遺《のこ》し、後《のち》に『新撰組顚末記《てんまつき》』として出版。

綾織　なるほど。

小泉進次郎守護霊　うん。「本当は、（新撰組で）いちばん強かったのは永倉新八じゃないか」とも言われてるんだがなあ。

原口　うーん。

綾織　おお……。

小泉進次郎守護霊　すごく響くものがあります。

原口　はい。

綾織　なるほど。分かりました。

小泉進次郎守護霊　（会場の聴衆《ちょうしゅう》のほうを向いて）君たちのなかに仲間はいないのかな。敵ばかりかな。敵ばかり？　仲間はいる？　いない？　敵か。みんな敵？

綾織・原口　（笑）（会場笑）

小泉進次郎守護霊　みんな敵ばかり？　基本的には敵か。

綾織　まあ、いろいろだと思います（笑）。では、そこ（過去世《かこぜ》の一つ）は確定ということで……。

吉井　当時は、保守のお考えもあったと思うんですが、やはり、日本の動乱のなかで、「何かを護りたい」というような気持ちで参じられたわけですか。

小泉進次郎守護霊　そうだ。だから、●吉田稔麿《よしだとしまろ》とか、あのへんはさ、「労咳《ろうがい》を病《や》んでる、新撰組の沖田総司《おきたそうじ》が斬った」と思われてるけど、斬ったのは違《ちが》うんだよ。永倉新八が斬ってるんだよ、本当は。

綾織　ほお……。

小泉進次郎守護霊　（吉井に）だから、君のところの上司はね、〝危険人物〟なんだよ。

原口・吉井　（苦笑）

●吉田稔麿（1841～1864）　幕末の武士。萩《はぎ》藩士。松下村塾《しょうかそんじゅく》で学び、高杉晋作《たかすぎしんさく》、久《く》坂玄瑞《さかげんずい》、入江九一《いりえくいち》とともに松門《しょうもん》四天王とされる。後《のち》に脱藩し、京都などで尊皇攘夷《そんのうじょうい》運動に加わった。1864年6月、池田屋で会合中に新撰組に襲《おそ》われ、重傷を負い、自《じ》刃《じん》したとされる。

綾織　ちょっと、これは因縁《いんねん》がありますね。

小泉進次郎守護霊　うーん。だから、君の顔を間接的に通すだけでも、忖度《そんたく》すると怖い。

質問者一同　（笑）

小泉進次郎守護霊　悪いことを考えないようにしてくれ。

吉井　やはり、当時、「何とか、そこに手を打たないと危ない」と思われていましたか。

小泉進次郎守護霊　いやあねえ、吉田稔麿だって長生きしたら、そりゃ、「伊藤博《いとうひろ》文《ぶみ》とか、山県有朋《やまがたありとも》とか、松下村塾《しょうかそんじゅく》の末弟《まってい》の人たちよりは、はるかに優秀《ゆうしゅう》な人材だった」と言われていたからさ。

だから、そりゃねえ、「長生きしたら総理大臣になったかもしれない人をぶった斬った喜び」っていうか……。

綾織　ああ、「喜び」なんですね（苦笑）。

原口　（苦笑）

小泉進次郎守護霊　ええ、「血潮《ちしお》を浴びた喜び」っていうのは、やっぱり、忘れがたいものがあるよね。

綾織　なるほど。

もう一つ前の過去世《かこぜ》は「鎖鎌《くさりがま》の使い手」？

綾織　少し〝危険な感じ〟になってきましたので、そのほかの過去世《かこぜ》のなかで、もし、何かおっしゃりたい部分があれば、もう一つぐらい紹介《しょうかい》していただけるとありがたいなと思います。

小泉進次郎守護霊　うーん……、もう一つ前だと、何かねえ、鎖鎌《くさりがま》をやってたような気はするんだよなあ。

綾織　鎖鎌？

小泉進次郎守護霊　剣《けん》じゃなくて……、まあ、剣にも近いけど、（鎖鎌の分銅を振《ふ》り回すしぐさをしながら）鎖鎌を、こうやってた思いがあるから、やっぱり、基本は武術系だよね。

綾織　ほお。それは、「宮本武蔵《みやもとむさし》と対決した」とか、そういう感じですか。

吉井　●宍戸梅軒《ししどばいけん》ですか？

小泉進次郎守護霊　（吉井に）君、よく知ってるな。物知りだね。いやあ、君は軍事についても知識が深いんだ。

いや、「鎖鎌の名人」と言われた。

でも、宮本武蔵も、何か、敵側みたいな感じの……、どこかにいそうな気はするんだよなあ（会場笑）。

●宍戸梅軒　宮本武蔵と対決して敗れた、伊賀国《いがのくに》の「鎖鎌」の使い手とされる。なお、「梅軒」という名は、武蔵の伝記『二天記《にてんき》』に登場する宍戸某という人物をモデルに、吉川英治《よしかわえいじ》が名付けたもの。

綾織　（笑）そうですね。

小泉進次郎守護霊　そうだよな。鎖鎌の名人だったんだ。

綾織　なるほど。

小泉進次郎守護霊　やっぱり、鎖鎌は鎖鎌で戦わなきゃいけないよな。だから、相手が、単なる剣豪《けんごう》なら倒《たお》せるんだがな、兵法家でね、少ーし、何か策略を練るタイプの兵法家の場合には、負ける場合もあるからなあ。

（吉井に）宍戸梅軒を知ってるのか、君の若さで。あっ、私（地上の本人）も若かったか。そうか。うーん……。

綾織　なるほど。では、基本的には、そういう「剣の道」ということですね。

小泉進次郎守護霊　二回ぐらいは、やっぱり、実際に、戦いをやっているな。
　宗教にかかわる「過去世《かこぜ》」はあるのか

綾織　もしかして、少し、宗教的な部分もあるんでしょうか。

小泉進次郎守護霊　うーん……。

綾織　それはないですか。

小泉進次郎守護霊　宗教的な部分は、うーん……。
　もっと前にいけば、比叡山《ひえいざん》で、薙刀《なぎなた》をこうやってる山法師《やまほうし》？

綾織　なるほど。

小泉進次郎守護霊　京都に繰《く》り出しては、京都の政治を正そうとして、みんなでゾロゾロと、高下駄《たかげた》を履《は》いて山を下りていって、京都では、賀茂《かも》の大橋あたりで暴《あば》れまくったことはあるし、御所《ごしょ》の前で、「うおーおー」と言ったことはあるから、政治家だね。いや、〝宗教政治家〟だね。

綾織　うーん、なるほど（苦笑）。ちょっと微妙《びみょう》なところではありますけれども。

小泉進次郎守護霊　悪いやつらを成敗していたから。「武士だといっても許さん」ということで。

綾織　なるほど。

小泉進次郎守護霊　だから、頭は、（布で頭を包むしぐさをしながら）ちゃんと、パッと、こうやりながら、〝ほっかむり〟しながら、法師姿で薙刀を振るって、やったが。

綾織　なるほど。

小泉進次郎守護霊　弁慶《べんけい》とは言わんが、そういうふうな勇ましい格好はしておるから。ここで「政治」と接点はあるな。

綾織　なるほど。分かりました。まあ、だいたい……。

小泉進次郎守護霊　筋が見えちゃった？

綾織　そのように、「剣を交えて議論していく」というようなところは見えました。

小泉進次郎守護霊　うん。だから、剣はねえ、●田原《たはら》（総一朗《そういちろう》）さんなんかも、そういう意味で、私を評価してるんだと思う。

綾織　なるほど。

小泉進次郎守護霊　たぶん、何となく、「いい感じ」と思ってるんじゃないかな。

綾織　分かりました。

●田原（総一朗）さんなんかも……　以前の霊査《れいさ》により、田原総一朗氏の過去世は、安土桃山時代の剣豪である柳生石舟斎《やぎゅうせきしゅうさい》（1527 ～ 1606）、さらに日蓮の弟子《でし》であったことが明かされている。

9 「他党の票をいかに自民党に集めるか」という圧力と工作

「政権を維持《いじ》するっていうのは、そういうこと」

綾織　これから、幸福実現党としても成長していきますので、ぜひ、議論をしていける相手であれば素晴《すば》らしいなと思います。

小泉進次郎守護霊　成長していくかどうかは分からない。

綾織　いえ、いえ。

小泉進次郎守護霊　今、参院選直前だけど、野党のほうが候補者の一本化にどんどん走ってるので、僅差《きんさ》になるところがいっぱい出る可能性がある。だから、いかにして、幸福実現党とか、〝ＮＨＫに反対する会〟（ＮＨＫから国民を守る党）とか、そういう、ゴチャゴチャあるじゃないですか。ねえ？

綾織　はい。

小泉進次郎守護霊　「こういうやつに票を取らせないで、自民党のほうに集めるか」っていうのを、作業部会でやってるよ。

綾織　なるほど。実際、そういう動きが表にも見えてきているところはあります。

小泉進次郎守護霊　うん、そうだろう。だから勝てないよ、君たちは相変わらず。

綾織　いいえ。まあ、そういう……。

小泉進次郎守護霊　しばらくしたら、次は、君たちが期待してる「釈《しゃく》さん（釈量《りょう》子《こ》・幸福実現党党首）のスキャンダル」とかが流れるよ、もうすぐ。

綾織　うーん。

小泉進次郎守護霊　いや、それはつくれるんだ。

綾織　「ない」と思いますけれどもね（笑）。

小泉進次郎守護霊　いや、つくれるんだって。そんなもの、つくれるんだ。

綾織　ああ、「つくれる」ということですね。

小泉進次郎守護霊　（自民党の）幹事長が言ってるでしょう？　「解散の大義なんか、一日あればつくれる」って。

綾織　なるほど。

小泉進次郎守護霊　だから、〝スキャンダルの大義〟なんか、一時間あればつくれる。

綾織　ええ。でも、それは簡単に論破《ろんぱ》できると思います。

小泉進次郎守護霊　できないかもしれないよ。

綾織　いえ、いえ。

小泉進次郎守護霊　いやあ、あんまり美人だからさあ。

綾織　まあ、それは、そうです。

小泉進次郎守護霊　できないかもしれない。君（原口を指す）なんて、目立ってきたら一発で狙《ねら》われるよ。もうちょっと票を取ったらね、「万」の台を取り始めたら、やられるね、たぶん。

綾織　まあ、それも乗り越《こ》えてやっていきたいと思います。

小泉進次郎守護霊　（原口に）だから、あなたね、「夜」の世界は、もう、下のほうはズボンを穿《は》いて歩いたほうがいいよ。黒いズボンでも。うん。

原口　アドバイスを頂き、ありがとうございます。

小泉進次郎守護霊　ヒラヒラしたスカートを穿いて歩いてると、やられるからね。うん、気をつけたほうがいい。絶対、狙われてる。次は狙われるよ。今はまだ、マークはされてても、狙ってるところまでは行ってないけど。票で万を取ったら、次、スキャンダルは必ず狙いますから。うん、そうなってるんで、しょうがない。だから、〝新撰組《しんせんぐみ》〟として、みんな、討《う》ち取っていかなきゃいけないので、浪士《ろうし》たちを。しょうがないのよ。

綾織　ほう。討ち取る側なんですね。

小泉進次郎守護霊　うん。討ち取らにゃいかんのでな、いちおう。

綾織　なるほど。分かりました。そういう関係性でもあるということを理解しました。

小泉進次郎守護霊　なかで議論はしてるよ。「釈さんは、女性でやってて、わりあい人気はあるみたいだけど、これを倒《たお》したら、次は誰《だれ》が出てくるんだろうか」とか言って、いちおう議論はしてるよ。

綾織　なるほど。

小泉進次郎守護霊　だから、「もし、次に出てくるのがもっと手強《てごわ》いのだったら、置いといたほうがいいし」っていうような感じの話をしてる。

綾織　並ぶような人はいると思います。

小泉進次郎守護霊　永遠に議員にならないところで、女性党首でやり続けるだけだったら、置いといたほうが有利だし。

綾織　なるほど。

小泉進次郎守護霊　もし、女性で票をウワッと取るっていう……、サッチャーみたいになったり、昔の土井《どい》たか子みたいになっていく感じだったら、倒さなきゃいけないし、みたいな。このへんを調査してる。うん、うん。

綾織　はい。なるほど、分かりました。幸福実現党にとっての〝新撰組〟になる可能性もあるということを理解しました。

小泉進次郎守護霊　いやあ、（綾織に対して）あなたが、もしね、言論が鋭《するど》すぎた場合……、今、そんなに鋭くないけど。言論が鋭すぎた場合は、親元の産経新聞のほうから意地悪をするっていうの？「綾織をクビにしてくれないと、広告が載《の》らないかもしれない」とか、「広告のメインのところは黒塗《くろぬ》りになるかもしれない」とか、「白紙になるかもしれない」とか。こんなこと、ちょっと、ブラフ（脅《おど》し）をかけられたら、あなた、外されるよね。

綾織　なるほど。いろいろ考えていらっしゃるということは分かりました。

小泉進次郎守護霊　「そのくらいのことは考えている」っていうことは知っといたほうがいいよ。うん。

綾織　なるほど。

小泉進次郎守護霊　「政権を維持《いじ》する」っていうのはそういうことだから。

綾織　そういう、若干《じゃっかん》、ダークなところもあるということを理解しました。

スキャンダルでも続けるトランプ大統領は〝化《ば》け物〟

小泉進次郎守護霊　いや、トランプさんみたいに、その何か、何？　コールガール？　抱《だ》いたなんていって、そんなの訴《うった》えられても、それでもまだ平気でやってるっていうのは、あれ〝化《ば》け物〟だからね。普通《ふつう》は、あんなのもたないから。日本の政治家なら、もう「一発で終わり」だから。あれ、化け物だから。あれは、「そんなことを記事に書き続けるなら、イランを空爆《くうばく》するぞ」っていうぐらいの人だからさ。

あんまり続くと、何か過激なことをするから、それをみんなも怖《こわ》がってるから、反対派も、刺激《しげき》は適度に止めてるところがあるからさ。

綾織　はい。ありがとうございます。

与党《よとう》は警察や公安を使い、マスコミにリークできる力を持つ

小泉進次郎守護霊　こんなのでいいのかな？

綾織　何となく、小泉さんの守護霊の傾向性《けいこうせい》は見えてきたところがあります。

小泉進次郎守護霊　いやあ、実現党は、面白《おもしろ》いこと言ってると思うよ。ただ、何て言うか、大川総裁は、鋭いことをずいぶん言ってて、私も参考になるし、勉強になることも多いけど、あとが何か〝烏合《うごう》の衆〟みたいだから、「いずれ消滅《しょうめつ》する」と、みんな見てる、うん。いずれ消滅すると見てて。「弟子《でし》のほうで大きくするということはない」と見てるから。大川総裁が引退するのを待ってるから。だからさ、私なんかも、〝ぼんくらなネタ〟を一生懸命《いっしょうけんめい》、探されてるけどね。兄ちゃんのほう（小泉孝太郎《こうたろう》氏）は芸人になっちゃったからさ、タレントになっちゃったから、まあ、親父《おやじ》は私のほうを選んだんだろうけど。おたくの長男がさ、〝不良してる〟じゃん。ねえ？　だから、「これ、使えないか」って検討されて、やられてるからさ、うん。

綾織　そうですね。実際、使っていると思います。

小泉進次郎守護霊　ええ。これからも「まだ使い出がある」と思って、全部ウオッチされてるから。君たちは、だから、ちょうど選挙の前になったら、そういうのが出てくるということは知っといたほうがいいよ。

これ、もう、「常套手段《じょうとう》」なんで。いつも、そういうね、「政党のなかに興信所が一緒《いっしょ》に入ってるんだ」ということは知っといたほうがいい。

で、「警察」が使えるんだって。与党《よとう》は警察を使えるんだよ？　「警察」や「公安」、みんなを使って集めた情報を、「これは使える」と判断したら、それをテレビ局や新聞社にリークするなり、雑誌社にリークするなり、月刊雑誌に売って、人を挟《はさ》んで間接的にいろいろ書かせて、そして、ほかの政党たちの党首なんかを引き落としたり、票を減らしたりすることができるんだということは知っといたほうがいいよ？

綾織　それくらいの対象になっているということですし、それを乗り越えていかないといけないと思います。

小泉進次郎守護霊　だから、君たちはまだガードが甘《あま》いね。

綾織　なるほど。アドバイス、ありがとうございます。

小泉進次郎守護霊　甘いなあ。甘いねえ、うん。（幸福の科学職員の）里村《さとむら》が替《か》わったんだってね？

綾織　そうですね。今は別のところにいます。

小泉進次郎守護霊　狙われてた。狙われてたんだ、なあ、あれね。狙われてたんで。ちょっとね、酒癖《さけぐせ》悪いから狙われてたんだけどさ。替えたみたいだな。うーん、ちょっとだけ賢《かしこ》かったな。もうちょっとで〝やられる寸前〟だったな。

綾織　何となく、そういう担当をされている感じがありますね（笑）。少しそれが分かりました。

小泉進次郎守護霊　いや、そういうのが存在するから。新しく挙《あ》げる党とかは、そういうのをまだ持ってないこともあるけど、ＮＨＫを潰《つぶ》そうとしてるやつとか、ほかのやつとか、みんな、弱点を一生懸命探《さぐ》ってるんで。「対策本部」は持ってるから、全部。

で、公明党にもあるから。公明党にもあるし、創価学会《そうかがっかい》のなかにもあるから。創価学会のなかには、他宗の弱点や、月刊誌から、全部集めて分析《ぶんせき》してやってるところで、どこか攻撃点《こうげきてん》がないかどうかを調べてるし、公明党独自でもやってるから、そのへんは知っといたほうがいいよ。

戦わずして勝つ「大人の狸《たぬき》・狐《きつね》政治」

小泉進次郎守護霊　世の中はそんなきれいじゃないよ。だから、俺《おれ》みたいに、こう、剣《けん》一本でも勝ちたいと思ってる、若気《わかげ》の至りの人もいるけど、もっと〝大人の狸《たぬき》・狐《きつね》〟に成長した場合は、そんなことをしないで、戦わずして勝つ。

だから、「虚偽《きょぎ》の風説を流布《るふ》して潰す」、こういうことをみんなやるので、権力の側にある者はやれんことは何にもない。

綾織　なるほど。

小泉進次郎守護霊　何でもやれるからさ。うん。

綾織　はい。貴重なアドバイスを頂きました。それを乗り越えて。はい。

小泉進次郎守護霊　まあ、そういう体質も持たないと、政権は取れないよ。

綾織　なるほど。

小泉進次郎守護霊　で、それには、こっちもやられる。なかの次の候補者もやられることがあるから、「それさえ二重に警戒《けいかい》しなければいけない」ということだな。だから、「独身でいられるわけがないじゃないか。何かやってるに違《ちが》いない」って、私にだって、そういう〝見えない私服〟がいつも見てるような気はするよ。

綾織　ああ、なるほど……。

小泉進次郎守護霊　警備のようでもあり、情報探査のようでもあり、分からない。

だから、気をつけてますけどね。「絶対そんなことはない。ありえない」って思ってるからさ。いちおう警戒はしてるよ？

それでも、やられるかもしれないけども。まあ、そうとうな警戒をしてますよ。「絶対に隙《すき》がある」と見てるから。それで、スキャンダルを、必要なときにポンッと流せば、潰せるからさ。

でも、岸田《きしだ》（文雄《ふみお》）さんなんかさあ、安倍《あべ》さんの後継《こうけい》、ものすごい有力になったのが、あっという間にシューーッと消えたしさ。石破《いしば》（茂《しげる》）さんだってさあ、ものすごく人気があって、それで地方党員票で（自民党総裁の座を）取れそうになると、あとはシューーッと縮んでいくだろう？

だから、うまいんだって、ほんとに、ライバルを消すの。

綾織　なるほど。

小泉進次郎守護霊　気をつけてる。だから、私は、「外交」と「経済」では、今のところ、あんまり点数を稼《かせ》ごうとはしていません。「農業」とか、「年金」とか、みんなが嫌《いや》がるようなところで〝泥《どろ》をかぶる仕事〟をしばらくして、ドジョウみたいに潜《もぐ》りながら、待っている。

綾織　なるほど。分かりました。

汚《きたな》い手も金も使わず、政治で勝てるのか？

綾織　待ちの時間である、耐《た》え忍《しの》びの時間であるというのは分かりました。

小泉進次郎守護霊　うん。まあ、「自民党をぶっ壊《こわ》す」ことには、結局はなってるでしょう？　私の言ってることは。〝遠回し〟ですけど。

綾織　なるほど。

小泉進次郎守護霊　本質を語ってるだけ。政治学的にね？

綾織　そうですね。

小泉進次郎守護霊　政治過程論《かていろん》的に、「自民党の政治はどういうものか」を説明しているだけで。

君たちみたいな、きれいな「政治理念」と「宗教理念」でやるような政治じゃありません。だから、（君たちは）入《はい》れないです、基本。

そして、ほかの宗教もそんなにきれいじゃありません。「金」とか「票」とかを使いながら、何かを実現しようとして、ゴソゴソやっています。それは知っておいたほうがいいと思いますね。

君たちの勢力を封《ふう》じようとしている宗教はいっぱいあります。それで自民党を応《おう》援《えん》しているものも、そのなかにはあります。それらは、金、政治資金や、あるいは、いろんな票集めや、やってくれてますよ。それがコソッと言ってくるからさ。

まあ、「大川隆法には勝てない」と思ってるけど、「一代で終わると見て、あとは潰す」っていうのを、今、考えてるから、みんな。よく知っておいたほうがいいよ。

これが「日本の政治と宗教の本質」だよ。〝ダーティー〟だよ。

綾織　そこを、私たち弟子の力で突《とっ》破《ぱ》していきたいと思います。

小泉進次郎守護霊　いや、弟子じゃ突破できないの分かってるから、やってるんで。

綾織　いえいえ。

小泉進次郎守護霊　突破されるんだったら、しないですよ。突破されるなら。

綾織　貴重なアドバイスをありがとうございます。

小泉進次郎守護霊　君たち、根本的な弱点があるのよ。だから、大川総裁が、一人、ものすごく目立ってるのよ。で、できるの分かってる。みんな分かってる。そんなこと分かってるんだよ。

池田大作《いけだだいさく》のほうが偉《えら》いのはね、「自分ができないのに、できるように見せること」。弟子たちがみんなで粉飾《ふんしょく》してくれてる。だから、池田がいようがいまいができるんですよ、あそこは。

だけど、ここは大川総裁が働かなくなったり、弱っていったり、頭が働かなくなったら、衰退《すいたい》する宗教なんですよ、うん。だから今、そこをみんな、あとをもう、底なし沼《ぬま》を埋《う》めていくみたいな感じで、土砂《どしゃ》を入れて埋め立てすることか、辺野古《へのこ》みたいなのをやろうと思って考えている。うん。

ということを、まあ、内部事情をばらしました。

綾織　ありがとうございます。

「私もやられないように気をつけている」

綾織　自民党の考えもよく分かりましたし、私たちはそれを突破してやっていくつもりです。

小泉進次郎守護霊　いや、突破できないんだって。それは読まれているんで。雑誌から新聞まで、テレビ局も全部、懐柔《かいじゅう》されてるんだって。もう、やられてるんだ。もう、終わってるんだよ。だから、君たちは永遠に上がれないんだよ。それは分かってるんだよ。

綾織　守護霊さんも、ちょっと〝ダークな感じ〟があるのかなというのも……。

小泉進次郎守護霊　いや、（過去世《かこぜ》で）人は斬《き》っているからさ。人は斬って殺してるから、そのくらいのことはできるということです。

綾織　分かりました。

小泉進次郎守護霊　ただ、「その前に、自分がやられないように気をつけなきゃいけない」ってことで、自民党体質の一端《いったん》を、ちょっとだけお見せした。うん、うん。

綾織　はい、ありがとうございます。参院選直前で、ご本人もお忙《いそが》しいと思いますので。

小泉進次郎守護霊　（幸福実現党は）票が減るからさ、あんまり期待しないでね。もう、ちゃんとやってるから、私たちが。私じゃなくて、ほかの人たちがね。仲間がね。君たちの票が伸《の》びないように、ちゃんとやってるから。うん、うん。

綾織　その動きもちょっと見据《みす》えながら、対策を立ててやっていきます。お忙しいと思いますので……。

小泉進次郎守護霊　ああ、そうかい。

綾織　はい。今日はありがとうございます。

小泉進次郎守護霊　「ザ・リバティ」誌ね、百万部以上、出せたらいいね。そしたら、自分たちの言論で、もうちょっと動くのにね。なかなか行かないだろう？　うん。残念だね。

綾織　それも頑張《がんば》ります。

小泉進次郎守護霊　私たちの「票読み」はすっごい正確だから。もう読めてるので。君たちは読んでないだろうけど。君たちの候補者が何票取るかまで、もう読んでるんだよ。うん。かわいそうだけど。

綾織　そういう情報は私たちにも漏《も》れ伝わってくるところがありますので、その上で、やれることをやっていきたいと思います。

小泉進次郎守護霊　だから、気をつけて、虎《とら》の尻尾《しっぽ》を変なところで踏《ふ》まないように、まあ、よく戦ってくださいね。

それから、大川総裁の言論も、安倍批判、かなり切れすぎているところがあるので、「ちょっとお灸《きゅう》を据えたろうか」と思ってる人たちはいるからね。気をつけるようにね。

綾織　そういうのも含《ふく》めて、しっかりやっていきたいと思います。

小泉進次郎守護霊　まあ、ということで、「自民党がいかに〝クリーン〟か」という話を、今しました。ええ。

綾織　はい、ありがとうございます。

小泉進次郎守護霊　これが、「令和の日本の革命」です。はい。

綾織　はい。今日は、貴重なアドバイスも含め、ありがとうございました。

小泉進次郎守護霊　はい。

10　小泉進次郎氏の「使われ方」と「危ない瞬間《しゅんかん》」

大川隆法　（手を一回叩《たた》く）だいたいは見えましたか？　この人の可能性と限界は、だいたいは見えたでしょうか。

この人の流れを見ると、「突撃《とつげき》隊用」や「応援《おうえん》部隊」などで使われたりはするものの、本当の権力の中枢《ちゅうすう》に入ってくるとき、父親（小泉純一郎《じゅんいちろう》）がいなくなったあたりでは、まだ〝首を取られる〟可能性があるかもしれません。

残念ながら、舛添要一《ますぞえよういち》さんではありませんが、「総理候補ナンバーワン」などと出た瞬間《しゅんかん》に、あとは〝消される運命〟にあるというような感じでしょうか。小池百合子《こいけゆりこ》さんのような人も同様でしょうけれども、「総理候補として出てきたらやられる」という流れに入っていると思われます。

彼は年齢《ねんれい》が若いので、自民党も「まだ利用価値はある」とは見ているのでしょうが、政権を狙《ねら》える年齢になってきたらどうするかについては、「別の判断」が加わるかもしれません。

まあ、そういうこともありますので、小泉進次郎さんも、あまり、自民党とベッタリではないほうがよいかもしれないと思います。追い出される可能性はありますね。

綾織　そうですね。

大川隆法　「良識である」と言っているところの「良識の中身」を詰《つ》めていただきたいところです。

綾織　うーん、そうですね。もう少し哲学《てつがく》が見えるとよかったなとは思いました。

大川隆法　いやあ、それまではないのでしょう。やはりね。

綾織　はい。

大川隆法　まあ、ご苦労なのだろうと思います。それでも、選挙には強いのでしょうから、それはすごいですね。かっこいいからね、言論が立ってかっこいいのでしょう。まねをできるところはしてもよいのではないかと思います。
　それでは、以上です。

綾織　ありがとうございました。

第2章

安倍《あべ》外交の悩乱《のうらん》ぶりを斬《き》る
小泉進次郎守護霊《こいずみしんじろうしゅごれい》の霊言《れいげん》

二〇一九年六月八日　収録
幸福の科学　特別説法堂《せっぽうどう》にて

質問者

大川《おおかわ》紫央《しお》（幸福の科学総裁補佐《ほさ》）

神武《じんむ》桜子《さくらこ》（幸福の科学常務理事 兼《けん》宗務《しゅうむ》本部第一秘書局長）

［質問順。役職は収録時点のもの］

1 日露《にちろ》外交上の重要問題提起を封殺《ふうさつ》した怖《こわ》い体質

「丸山《まるやま》議員の糾弾《きゅうだん》決議」は全体主義

小泉進次郎守護霊　こんにちは。

大川紫央・神武　こんにちは。

小泉進次郎守護霊　うーん。小泉進次郎です。まだ、お呼びがかかったことは、ありません。●親父《おやじ》（の守護霊）のほうは、あったようですけど。

神武　はい。

●親父（の守護霊）のほうは……　『日本をもう一度ブッ壊す　小泉純一郎《じゅんいちろう》元総理守護霊メッセージ』（幸福実現党刊）参照。

小泉進次郎守護霊　いやあ、維新《いしん》（日本維新の会）の丸山《まるやま》（穂高《ほだか》）議員の北方領土での行動は、あんまり品はよくなかったかもしれないけどね。何か、与党《よとう》も野党も一緒《いっしょ》になって、「辞《や》めろ辞めろ」と一致《いっち》して大合唱《だいがっしょう》するっていうのは、私はおかしいんじゃないかと思うんですよ。全体主義じゃないですか、こんなの。ねえ？

大川紫央　ええ。

小泉進次郎守護霊　自民党でさえさあ、何か、全員一致で、それに賛成しなきゃいけないっていうんで、私が（棄権《きけん》して）議場を去ったら、「厳重注意処分」ということで（新聞等に）載《の》せられてるんですけどね、今。

大川紫央　確かに、おかしいですよ。

小泉進次郎守護霊　うん。おかしいじゃない。だって、言う人（丸山議員）を見ても、おかしくないでしょ？

大川紫央　うーん。

小泉進次郎守護霊　だから、北方領土、国後《くなしり》（島）まで行ってね、見て、視察して、元島民の人らにね、「戦争してでも取り戻《もど》したいぐらいですか。返してほしいですか」っていうようなことを訊《き》くのは、それはあってもおかしくないよね。

大川紫央　はい。

「丸山議員の訊《き》き方はありうるもの」だった理由

小泉進次郎守護霊　だって、もし、「向こう（ロシア）が、違法《いほう》に、不法に北方領土を占拠《せんきょ》している」という議論が正しいのなら……、そういう議論は成り立つからね、十分に。

いや、そうでないのに、「もともと向こうが持っていたものを取る。戦争して取る」っていうなら、それはちょっと問題があるよね。

大川紫央　ええ。

小泉進次郎守護霊　「今、現代の時代に、それは侵略《しんりゃく》するのか」っていう話になるけど、侵略じゃないからね。

大川紫央　うーん。

小泉進次郎守護霊　だから、「北方領土は日本固有の領土だ」って言って、基本的に譲《ゆず》ってないので。外交文書から、今、消したとしてもね。交渉《こうしょう》を有利にするために、今、消してるとしても、「向こうの固有の領土ではなかった」のは間違《まちが》いないので。日本の領土であったことは事実、歴史的事実だからね。

だから、「それを戻してほしいかどうか」って訊《き》くのに、「どういう手段で戻してほしいか」っていうことはあるわね。

例えば、国会全員一致で、「北方四島を返せ」と言う場合もあるし、「二島のみ返して、平和条約を結べ」っていうこともあるし。それは、アベノミクスで金が余ってるんだったら、もう、無期限融資《ゆうし》してね、「四島買います」とか、「二島買います」とかいうのだってあるかもしれないし。

なぜ、政府は戦争を前提にしているのに、一議員がやると駄目《だめ》なのか

小泉進次郎守護霊　あるいはね、今、「護衛艦《ごえいかん》を空母に変える。『かが』とかを空母に変える」とか言ってるし。映画もね、「空母いぶき」とかいってヒットさせてるけどさあ。今、護衛艦を空母化するのを安倍《あべ》さんは進めてるんだろう？　そんなのもやってる。

だから、防衛のためにね、国防のために戦争もありえることを前提にして、政府はやってるんでしょう？

大川紫央　うーん。

小泉進次郎守護霊　これについて国民に対して説明しないでさ、トランプさんとパフォーマンスだけしてね、空母にする（予定の）護衛艦に乗って、降りたりすると

ころだけを見せて、それで説明を終わらせてしまったんでしょう？

大川紫央　はい。

小泉進次郎守護霊　あんなの、国会で、ちゃんと議論しなきゃいけない内容だよね。

大川紫央　ええ。

小泉進次郎守護霊　要は、今回の「丸山議員追い出し」と同じように、「あっ、日本は戦争しない国だから。平和を維持する国だから。絶対、不戦の国だから。だから、あんなこと言うのはおかしい」って言うんならね、じゃあ、「不戦の国なのに護衛艦を空母に変えて、アメリカの大統領と一緒にそれに降り立って、（航空機用）エレベーターで（格納庫に）降りてね、みんなの前で挨拶《あいさつ》する」っていうのは、これって、「共同して空母を運用して、アメリカの第七艦隊と一緒になって戦争する」という意志じゃないの？　「いざというときは防衛戦争する」っていうことなんでしょ？

大川紫央　ええ。

小泉進次郎守護霊　首相がそれをやっておりながら、一議員がさ、取られた国後島……、もう、向こうの軍事基地と住民がたくさん入ってますけど、何千人も入ってると思うけれども、そこに行って、日本のね……、いや、向こうの人に言ったんじゃないよ、日本の元島民の村民に、「戦争してでも取り返したいですか」って言ったと。

自民党は共産党になってしまったみたい

小泉進次郎守護霊　あるいは、「日本の領土だ」と言うんだったら、まあ、「夜、何時から出ちゃいけない」とかいう島の規則を、向こうでつくってるんだろうとは思うけれども、「酒を飲みに行きたい」というのは、それは、日本の領土であるなら行動は自由であってね。

大川紫央　うーん。

小泉進次郎守護霊　「私は国会議員だから、不逮捕《ふたいほ》特権がある」と。「日本の国であるのなら、別に構わないはずだ。もし、日本が条例でそう決めたとしても、『何時以降は外出しちゃいけない』っていうことを、日本が北海道も含《ふく》めて決めたとしても、国会議員だから、私は逮捕されるいわれはない」と。「お酒が飲みたい。女の子がいるスナックだって、何だか知らんけど、あるかどうかぐらいは見てみたい」とかね。

大川紫央　ええ。

小泉進次郎守護霊　そこで、「向こうの市民とも話してみたい。島民とも話してみたい」っていう気持ちは、あったっておかしくないじゃないか。だから、調査だよ。

大川紫央　うーん。

小泉進次郎守護霊　なあ？　だけど、これを一方的に何か、「戦争は悪」みたいに言ったら、自民党は、もう共産党になったみたいで。何か、「言論の自由」がなくなって、本当に。こんなの、国会で議論できないじゃん。そんなの、おかしいよ。

大川紫央　そうですね。

小泉進次郎守護霊　と思います。

この「おかしさ」をはっきりと指摘《してき》しているのは大川総裁の本だけ

小泉進次郎守護霊　それで、これを言ってくれてるのは……。大川隆法先生は、『君たちの民主主義は間違っていないか。』（幸福の科学出版刊）っていう本で言ってるよね？

大川紫央　はい。

小泉進次郎守護霊　それだけだよ。それを言ってるのは、〝ただ一人〟しか僕《ぼく》は読んだことないから。

あとは、みんな、マスコミも含めて、「沈黙《ちんもく》する」か、「『当然だ』って言っている」か。あと、国会議員は自民党から共産党まで、みんなもう、「丸山議員は辞めさせるべきだ」って言ってる。やっぱり、これはおかしいよ。

もし、それだったら、これからロシアとの交渉は、いったい、本当にどうするつもりなの？

大川紫央　そうなんです。

小泉進次郎守護霊　ねえ？

2 「外交」でも「エネルギー問題」でも実は悩乱《のうらん》している安倍《あべ》政権

領土返還《へんかん》にこだわることで、実は戦争の可能性が高まる

大川紫央　ロシアと交渉《こうしょう》する上でも、やっぱり、「北方領土を、どのくらい、日本の領土としたいか」ということを知っていなくてはいけないですよね、政治家の方も。

小泉進次郎守護霊　そう。

大川紫央　「北方領土を日本のものにしたいと思っている人たちが、戦争を辞さな

い覚悟《かくご》まで持って、自分の国の領土としたいのかどうか」とか。

小泉進次郎守護霊　そこまで強く思ってるかどうかね？

大川紫央　そう、そう。「どのくらいまで思っているのか」というのは、確かめないといけないでしょう。

小泉進次郎守護霊　うん。でなければ、「もともと、ロシア領土だ」と思ってたけど、日本が戦争に勝ったんで、「ちょっと、一時的に、こちらで預かってた」ぐらいにしか思ってないのか。台湾《たいわん》、それから満州《まんしゅう》なんかと一緒《いっしょ》に、そんなふうに思ってたのか。

大川紫央　でも、矛盾《むじゅん》しますよね。「北方領土を日本の領土にしたいから、日露《にちろ》平和条約が結べない」と言うんだったら、戦争が起こる可能性が、条約を結ぶより……。

小泉進次郎守護霊　「（戦争を）したい」っていう意見になる。

大川紫央　そう。結ぶ場合より、もっと広がるじゃないですか、戦争をする可能性が。

安倍《あべ》首相の意図と、ロシア側が抱《いだ》く恐《おそ》れ

小泉進次郎守護霊　今、ロシアと交渉してる内容も……、だから、プーチンと安倍《あべ》さんが会う前にね、向こうは、「サハリン地区から北海道まで、相互《そうご》に、ビザなしで自由に行き来できるようにしよう」って言ってるんでね。

幸福実現党さんが言ってるように、もう、「モスクワ、ベルリンまでリニアモー

ターカーを敷《し》こう」っていうんだったら、その程度、当然のことでしょうけど。だけど、日本のほうは、もうすでに、「それで犯罪者が入ってきたり、軍事活動なんかをされたりするかもしれないから、つなぐのは怖《こわ》い」「ビザなしで自由に入れるようになったら、北海道を取るとは言わないけれども、いろんなテロ行為《こうい》とか、反日行為みたいなのをするかもしらん」っていうように、恐《おそ》れているわけで。「サハリン地区まで自由にやる」っていう「経済活動の活性化」、要するに、これさえできない方向に今、やってる。

片や、アメリカの大統領と一緒に、国賓《こくひん》か何か知らんけどさ、空母「かが」に改造するやつ、Ｆ35を載《の》せる空母だよね。これに一緒に降り立って、挨拶《あいさつ》したりしてて。

今度、向こう（ロシア）は、それは、「じゃあ、日米で空母も含《ふく》めて、共同軍事行動があるかもしらんな」と思って、恐れるのは当たり前じゃないか。だから、「（ロシアが）地対艦《ちたいかん》ミサイルを持ってるのはおかしい」とか言っても、それは、（ロシアからすれば）「来るときは、そうでしょうよ。艦船で来るんだろ？」っていう。

だいたい、地対艦ミサイルがあってもさ、例えば、北方領土とかサハリンと橋を結んだり、自由航行できるようになったりしたら、そんなもの意味がない行為だからね。それは、「相手を信用してる」ってことでしょ？　そういう関係をつくるかどうかの判断じゃないか。ねえ？

今の対露・対米・対中外交と「憲法改正論議」の問題点

小泉進次郎守護霊　だから、「結果はどうなるか」は分からんとしても、少なくとも、「議論を封印《ふういん》する」っていうのは、ちょっと……。そんなに、安倍さんに全部、全権委任した覚えはないよ。

大川紫央　そうですよね。それというのは、逆に、自由な民主主義社会が機能していなくて……。

小泉進次郎守護霊　違《ちが》うよ。全体主義じゃないか。

大川紫央　意見を言うと、すぐ処罰《しょばつ》されたりするのであれば、「安倍さんや、内閣の中枢《ちゅうすう》の人だけで、全部、そういうことを決められる」ということになってしまいますものね。

小泉進次郎守護霊　それで、安倍さんのほうはさあ、親露でロシアに親和性を持ちつつ、アメリカと軍事行動を強めようとして、（自民党の）幹事長（二階俊博《にかいとしひろ》氏）のほうはさ、中国に一生懸命《いっしょうけんめい》、尻尾《しっぽ》を振《ふ》ってやって、たぶん年明けて来年（二〇二〇年）、習近平《しゅうきんぺい》が国賓待遇《たいぐう》で来たとき、また、「中国寄り」みたいなふりを見せたりするんだろう?

そういうことをやるからさ、国家として全然、腰《こし》が定まってないよね。

大川紫央　だから、プーチン（守護霊）さんから、「日本は……」。

小泉進次郎守護霊　「信用できない」って。

大川紫央　「頭がない」と言われるんですよ。

小泉進次郎守護霊　「信用できない」って言うのは分かる。（交渉を）やったって、「だって意味ないじゃんか、そんなの」っていう。

大川紫央　「実質的な交渉ができない」という点では、北朝鮮《きたちょうせん》と変わらないことになってしまいます。

小泉進次郎守護霊　「平和条約なんか結べる前提にならないじゃないか。『ロシアと自由に行き来したら怖い』って言うんだったら、それは無理だろうよ」と。「『来るのは犯罪者しか来ない。犯罪者と軍人が来る』と思ってるんだったら、『北海道を取られる』と思って、『だから、自由に行き来できないようにする』って言うんだったら、それはこちら（ロシア側）だって同じだから」と。

島に自由に行き来させてるけど、取られるかもしれないのは一緒だからね。民間人を装《よそお》って、軍人が日米から入ってくるかもしれないんだからね。

大川紫央　では、自民党は憲法改正を、どういう言葉で国民に……。

小泉進次郎守護霊　だから、そこはそこで、また、別なんだろ？　「参院選に勝利したら……」。

大川紫央　（憲法改正案は国会で）通るでしょう？

小泉進次郎守護霊　うーん。「憲法改正できる」とか、また、姑息《こそく》に、ほかのテーマで勝って、「それで数が揃《そろ》えば、憲法改正を提案する」とか、たぶん、安倍さんの戦い方は、いつもそうだから。憲法改正をかけて戦ったら、負けることもあるから、ほかのところのテーマで戦って勝つ。

こういう嘘《うそ》はねえ、もう、ずいぶん行き渡《わた》ってるからねえ。

共産党が「女系天皇」を言う狙《ねら》いとは

小泉進次郎守護霊　それで、共産党だってさ、「女系天皇も女性天皇もあり」って言ってるけど、そんなのは、共産党の党是《とうぜ》から見たらありえないことで、天皇制は……。

大川紫央　天皇制は共産党（の党是）では廃止《はいし》しなきゃいけないはずですよね。

小泉進次郎守護霊　廃止。当然そうですよ。まあ、ギロチンにかけなきゃ駄目《だめ》で、そうでないと共産主義はできませんからね。それで、共産党の書記長が……。

大川紫央　独裁者になる？

小泉進次郎守護霊　うーん、絶対権力者になるのが共産党だからね。だから、あれを言って……、まあ、あの考え方は、結局、「女系天皇も女性天皇も許すことによって象徴《しょうちょう》性を揺《ゆ》らがせて、それで崩《くず》れていくもとをつくろうとしてる」っていうことなんだよね。

あれで軟化《なんか》したように柔《やわ》らかく見せといて、そして、国民の支持を取り付けて、でいるわけ。伝統を崩すことから始められるからね。だからねえ、嘘をついて勢力拡大に走ってるのは、みんな同じだよ。自民党も共産党も。これは、私はすっきりしないねえ。

共産党をもうちょっと躍進《やくしん》させといて、最後は皇室を潰《つぶ》すつもり、揺るがすつもり

大川紫央　うーん。

みなが反対するなか、「原発推進」を言い続けた幸福実現党

小泉進次郎守護霊　だから、親父《おやじ》なんか「原発反対」で、「野党まとまれ」とか言ってるけど、大川さんとかは「原発推進」で言ってる。

まあ、親父と意見が違うから、公式には言いにくいけど、私は、みんなが反対してるときに、「原発推進」を言った幸福実現党は偉《えら》いと思うよ。

自民党だって本当は推進したいのに、経産省とかも推進したいのはそのとおりな

のに、マスコミが怖くて言えなかったからさ。選挙で〝いじめられる〟からね。実際は、そのあと、やっと稼働《かどう》して、また裁判で止めてみたり、稼働したり止めたり、こんなのばっかりやってるじゃん。国家として背骨《せぼね》が通ってないよ、まったくね。

大川紫央　原発の意義についても、政治家の方が、もう少し、きちんと説明できたらいいですね。

小泉進次郎守護霊　だから、北朝鮮であれだけ、核《かく》ミサイル、核爆弾《ばくだん》を開発されてさあ、中国も原発をいっぱいつくってってさあ、ロシアにも、もちろん、たくさんあってさあ。

世界がみんな、それ（原発廃止）を望んでるわけじゃないからね。世界は、「自分たちのエネルギー供給と、兵器の推進のためには必要だ」と思ってる。アメリカだって原発をつくってる。

そのなかで、日本だけが、「それがなければ平和になる」みたいに思ってるっていうの、これは共同幻想《げんそう》にしかすぎないよ。

もう、江戸《えど》時代の長崎《ながさき》の出島《でじま》だけで外国と交遊してた「鎖国《さこく》政策」みたいにも見えなくはない。

大川紫央　確かに。

小泉進次郎守護霊　もう、マスコミを通すと、全然、違うように見えてるな。だから、おたく様（幸福実現党）だけが、本気で話してる。私ね、だから、ちょっと今、シンパシー（共感）を持ってるから。何かちょっと持ってきたからさ。まあ、万一《まんいつ》、自民党を除名されたらさ……。

大川紫央　ええ、どうぞ。

小泉進次郎守護霊　幸福実現党の名誉《めいよ》役員にでも入れてくれないかなあ。

大川紫央・神武　ぜひ。

丸山《まるやま》議員対応を外交的に見れば、完全に悩乱《のうらん》・矛盾《むじゅん》

小泉進次郎守護霊　いや、ちょっと腹立ってるのよ。なあ？　こんなの、ないっしょ。まあ、言った人（丸山穂高《まるやまほだか》議員）は、酒を飲みながら言ったのかもしらんけど、言った人に、「国会議員を辞《や》めろ」っていう圧力も全体主義的だと思うし、何か、「汚物《おぶつ》を処理する」みたいな言い方だけど、それに賛成できない。

だから、自民党の考えに賛成できないから、それの表決のときに退席した私まで、「厳重注意処分する」って。厳重注意されないといけない理由はないから。

だって、国会議員各人は、みんな、それぞれ、選挙民の信託《しんたく》によって選ばれた者だから、選挙民の信頼《しんらい》を失うことを恐れるべきではあるけど。他の、国会のなかのリーダーが今、誰《だれ》であるかによって……、よっぽど大変なことであれば、それは党議拘束《こうそく》、要するに、拘束しないと過半数を取れないから、「法案が通らない」とかいうときは、それはやむをえないことはあるとは思うけど。

そうでもない、こういうマイナーな問題にね、そんな他党の議員の発言の言葉尻を捉《とら》えて、「議員を辞めろ」とか言って、マスコミに迎合《げいごう》しようとしてるんだろう？

それで、ロシアとどう交渉するのか知らんけどさ。「うち（日本）は戦争しませんから」っていうんだったら、じゃあ、ロシアと……。

大川紫央　「平和条約」を結べばいいよね？

小泉進次郎守護霊　うん。自由交流して、「平和条約」を結べばいいじゃないか。だから、もう、これ、完全に悩乱《のうらん》して、矛盾《むじゅん》してるじゃないか。幸福実現党だけだよ、本当に。プーチンさん（守護霊）が言うとおりだわ。信用できるのは、大川隆法さんしかいないわ。

日本外交は〝キングギドラ〟

大川紫央　でも、逆にロシアから見れば、こんな議論をしている日本は……。

小泉進次郎守護霊　信用できないよ。

大川紫央　「もしかしたら、こいつら本当に戦争を考えているのか」と思われかねない節《ふし》もないことはないですよね？

●言うとおり……　『プーチン大統領の新・守護霊メッセージ』『プーチン 日本の政治を叱る』『「日露平和条約」を決断せよ』（いずれも幸福の科学出版刊）、『日露平和条約がつくる新・世界秩序　プーチン大統領守護霊 緊急メッセージ』（幸福実現党刊）等参照。

小泉進次郎守護霊　だから、裏で考えてるかもしれないよ。

大川紫央　「裏で考えているから、こんなに、火消ししようとしているのではないのか」とか。

小泉進次郎守護霊　うん、そう、そう、そう、そう。

大川紫央　危ないですよね、逆に。

小泉進次郎守護霊　うん。

だってさあ、例えば、イージス・アショアのところが問題になってるけどさ。北海道にイージス・アショアを売って、もし、「北朝鮮のミサイルを撃《う》ち落とすため」と言いつつも、ロシアの核サイト（施設《しせつ》）を攻撃《こうげき》することだってできるからね、ミ

●イージス・アショア　弾道ミサイルを高性能レーダーで見つけ、大気圏外での迎撃を図《はか》る「陸上配備型迎撃ミサイルシステム」のこと。防衛省は、イージス・アショアの配備地として秋田県秋田市の陸上自衛隊新屋演習場を計画していたが、土地選定のデータがずさんであるとして、秋田県などが反発している。

サイルとかも。あるいは、北海道からでも、国後《くなしり》（島）、択捉《えとろふ》（島）の軍事基地を攻撃することだって可能性はあるからね。

ということであれば、そんな「平和条約」とか、「自由な交流」とかいうのと、まったく矛盾することになるからね。

それは、「北朝鮮対策だ」っていうのならば分かるけど。それならそれで、「ロシアは北朝鮮の非核化に対して協力するから、ロシアに向けて撃つのはやめてくれよ」ということぐらいは約束してくれないと、できんだろうよ、それは。ねえ？

だからね、矛盾してる。もう、（映画「ゴジラ」シリーズに登場する怪獣《かいじゅう》の）キングギドラみたいになって、頭が何本もあって、何を言ってるか分からないんだ、これね。

大川紫央　やっぱり、自民党が接待外交ばかりやるのなら、「自民党の外交」と「皇室の外交」とは、そんなにレベルが変わらないですからね。まあ、皇室だと、ちょっとレベルは違いますけれども。

小泉進次郎守護霊　いや、とにかく、皇室は内容が全然報道されないから。何を話してるのやら、英語で。全然、それの全文は出してくれないから、分からないからさ。

3　安倍《あべ》政権の隠《かく》し体質・ファシズム体質

安倍政権の「国民に隠しながら独裁する体質」の象徴《しょうちょう》となった出来事

大川紫央　プーチン大統領とかトランプ大統領とか、他国の大統領や首相からすると、日本の政治家の外交というのは……。

小泉進次郎守護霊　分からないでしょう？

大川紫央　やっぱり、ちょっと、中身が詰《つ》まってなさすぎる、フワッとした外交になっているということでしょう。

小泉進次郎守護霊　だから、トランプさんのほうが正直で、安倍《あべ》さんとゴルフをして、ハンバーガーを食べたあとで、ツイッターしてさ。「シンゾー（晋三《しんぞう》）は参議院選があるから、シンゾーのことを考えて、貿易交渉《こうしょう》の結果は八月以降に発表する」とか言って。自分は国民に正直に言ってるわけね、「成果がなかった」と思われるといけないから。

だから、成果はあったのよ、アメリカにとってはね。だけど、日本は〝待つ対応〟でしょう？　もう、安倍さんが全部握《にぎ》って、あと、選挙が終わってから〝小出《こだ》し〟に言うんだろう？　うまいこと。

大川紫央　それは、民主主義の国として「あり」なのでしょうか。

小泉進次郎守護霊　おかしいでしょう？

大川紫央　間違《まちが》っていますよね。

小泉進次郎守護霊　だから、逆に中国、いや、北朝鮮《きたちょうせん》みたいな国じゃないか。

大川紫央　やはり、自民党といえども、握ってよい権力の範囲《はんい》というものがありますよね。

小泉進次郎守護霊　安倍さんは、トランプさんとさ、関税交渉したんだったら、「日本は、あとで、どれだけ被害《ひがい》を受けるか」は、もう分かってることだから。企《き》業《ぎょう》とかは、それに対応しなきゃいけないんだからさ。「関税を上げる」とか、あるいは、「農産物が被害を受ける」っていうんなら、もう分かってることだから。これ、議論しなきゃいけないことなんだよ、本当にそれでいいか。

だから、安倍さんが〝握った数字〟は、たぶん、農業にかなりダメージが出る

〝あれ〟だ。私も関係あるからね、農業政策に関しては。ダメージが出ることなんだろうから、それについては、国民は知る権利があるし、マスコミも報道の義務があるよ。

大川紫央　選挙の前に国民が知る権利はありますよね。

小泉進次郎守護霊　報道の義務があるよ。それを聞いた上で、「選挙でどっちに投票するか」って、これはあるでしょう。

だから、農民、農業を完全に潰《つぶ》すような案になってるんなら、私は自民党員でも、安倍さんに「それは、おかしい」って批判しながら、選挙を戦いますよ。そういう「言論の自由」は、もともと自民党にはあったはずですよ。

だから、安倍さん自体がね、（在職日数が）長くなって、もう独裁者みたいになってきてるんだよ。

大川紫央　おかしいですよね。

小泉進次郎守護霊　うん。

いや、今回のことは一つの象徴《しょうちょう》にしかすぎないけど、ほかにも同じことはいっぱいある。

だから、それをばらしたら、もし〝ばらした人〟がいたら、アメリカだと、どういう数字か、官僚《かんりょう》とかは知ってるはずだから。〝ばらした人〟がいたら、そこを経由で、ばらせるからね。官僚がマスコミに言って、主要新聞はそれを書けないから、週刊誌記者に流して、「そこから聞いて、国会議員がばらす」っていうのだったら、あるかもしれないけど。それは除名されたりするかもしれないわな。「選挙前に、党に対する不利益なことをした」って。

これって、もう、旧ソ連とか、今の中国と変わらないですよ？

神武　情報統制ですね。

小泉進次郎守護霊　うん。情報統制。やっぱり、おかしいよ。「自由・民主・信仰《しんこう》」でしょう？　それはそうでしょう。

だから、ちょっとねえ……、いやあ、大川さんは正しいよ。幸福実現党は、もうちょっと頑張《がんば》るべきだよ。

国民を騙《だま》す〝安倍《あべ》ファシズム〟が始まっている

小泉進次郎守護霊　だって、みんな、言論統制して、迎合《げいごう》して、パンダみたいになって、本当に。「ソクラテスよりパンダのほうがいい」っていう。まさしくそのとおり。パンダがパンダ芸ばっかりしてる。気に入られることしか考えてないんだね。気に入られないことは、全部隠《かく》す。だけど、〝白のパンダ〟なんて、全然美しく

●ソクラテスより……　『君たちの民主主義は間違っていないか。』（幸福の科学出版刊）参照。

ない。ねえ？　「白」と「黒」があって美しい。だから、いいことも悪いことも見せないといけないいんだよ。

大川紫央　それは正しいと思います。

小泉進次郎守護霊　うん。そう思うので、私は大臣になるのが遅《おく》れて、きっと、いじめをまた受けるだろう。安倍《あべ》さんは、ちょっと、私に嫉妬《しっと》してるからね、はっきり言って。いじめを受けてるのは知ってるけどさ。

親父《おやじ》が、また、安倍さんの政策を批判したりもするからさ。（安倍さんは）親父の内閣のときの官房長官《かんぼうちょうかん》だからね。まあ、副長官だったかな？（注。安倍晋三氏は、第一次小泉内閣の官房副長官、第三次小泉改造内閣の官房長官を務めた）

大川紫央　ええ、ええ。

小泉進次郎守護霊　だから、親父はもう、「自分が引き立ててやったのに、言うことをきかん」と思ってるけど。俺《おれ》だって（安倍さんの）言うことはきかないよ。安倍さんの言うことは、やっぱり、そろそろおかしくなってるよ。もう、長く続いて、「江戸《えど》時代の将軍」みたいな気分になってるから。〝安倍将軍〟になってるからさ。

大川紫央　本当ですね。選挙前に、トランプさんと仲が良いところだけ見せて、「内容は（話すと）負けるかもしれないから、それは選挙が終わってから言います」というのは、やはり変ですよね。

小泉進次郎守護霊　ねえ？　向こう（トランプ大統領）が機嫌《きげん》がいいのは、それは、〝いい返事〟をもらってるからでしょ？　機嫌が悪けりゃ、それは……。喧嘩《けんか》したら機嫌が悪かろうからさ。

そして、また、中国（習近平氏《しゅうきんぺいし》）も（二〇二〇年の訪日時には）「国賓待遇《こくひんたいぐう》」というこことになってるらしいけど、今のところ。これ、アメリカと中国を同等に扱《あつか》うのかい？　要するに、「経済的にだけ潤《うるお》えばいい」という考え方、「観光客が来なくなると困るから」っていうことだろう？

大川紫央　本当に日本のことを思っていたら、今、（習近平氏を）国賓待遇にはできないですよね。

小泉進次郎守護霊　だけど、国賓待遇にしないと、「香香《シャンシャン》を返せ」と言われるから。

大川紫央　香香は、もう返したらいいですよ。そんなことで、（香香の返却《へんきゃく》を）延期してもらってもね。本当に要《い》らないですよ、そんなものは。

小泉進次郎守護霊　こんなことを外交に使われて。ねえ？　だから、おかしい。考え方がロジカル（論理的）じゃない。非常に感情に訴《うった》えて、みんなの気持ちをつかんで多数を取ろうとする。これ、全体主義だよ。

だから、おたく（幸福実現党）が言ってるとおり。「ファシズムの危険あり」って言ってるけど、そのとおりだよ。

大川紫央　ひどいですよね。

小泉進次郎守護霊　ファシズムだよ、これ。〝安倍ファシズム〟が始まってるよ、本当に。肝心《かんじん》なことは隠して〝嘘《うそ》〟をついて、国民にいろんな〝嘘の約束〟をいっぱいしながら、それで人気を取って進めていくんだろ？　いやあ、全体主義だよ。もう完全に、全体主義が成り立ってきてるから、これ、おかしいよ。

●ファシズムの……　『君たちの民主主義は間違っていないか。』『危機のリーダーシップ』（共に幸福の科学出版刊）参照。

だから、幸福実現党は、もっと頑張るべきだ。もっと、ちゃんと批判してくださいよ。（私は）自民党員だけど、「自民党批判してくれていい」と思う。そうしないと、健全な自民党じゃないよ。

佐藤栄作《さとうえいさく》の在職期間の記録を抜《ぬ》くことばかりを考えている安倍《あべ》首相

大川紫央　いやあ、他党にも、しっかりした方がいらっしゃるというのはよいことです。

小泉進次郎守護霊　すみません。いざというときは、引き取ってください。

大川紫央　はい。

小泉進次郎守護霊　はい。

大川紫央　「はい」とか言ってしまいました（苦笑）。

小泉進次郎守護霊　うーん……、はい。

大川紫央　いや、もうきちんと、日本をよい国にしなくてはいけないですから……。

小泉進次郎守護霊　そう、そう。

大川紫央　そういう志《こころざし》のある方は大歓迎《だいかんげい》です。

小泉進次郎守護霊　いやあ、あなたたちの言う「言論の自由」は大事だと思う。

大川紫央　ええ。

小泉進次郎守護霊　だから、基本的には、安倍《あべ》さん側の主張を、幸福実現党は取ってるんだと思うけど、野党批判をしつつも、安倍さんのほうもちゃんと批判してるから、それって正しい立場だよ。そうじゃなきゃいけないよ。

共産党は嘘をついてるし、自民党だって嘘をついてる。それは、ちゃんと言うべきだよ。国民に知らせなきゃ。マスコミがそれを黙《だま》ってるのは、絶対これ、懐柔《かいじゅう》されてるんであって、おかしいですよ。

神武　安倍さんは、今、自分の権力維持《いじ》で頭がいっぱいになっている……。

小泉進次郎守護霊　だから、それ（任期）をどこまで延ばすかばっかり考えてるでしょ？　たぶん。

神武　そういう意味では、（安倍首相は）「日本のあるべき姿」を中心に考えられていないと思うんですけど、進次郎さん（守護霊）は、そこは、どのように描《えが》かれているんですか。

小泉進次郎守護霊　（安倍さんは）「佐藤栄作《さとうえいさく》（元首相）の記録（在職期間）」を抜《ぬ》くことしか考えてないでしょう、おそらくね。

まあ、私は、まだ、そういう立場に立ってないから、はっきりは言えないところはあるけれども、ちゃんとした「独立国家としてのスタイル」はつくりたいね。

アメリカとも仲良くすることはいい。ロシアと（仲良く）してもいい。中国と（仲良く）してもいいけど、「独立国家としての日本の考えは、こうだ」ということをはっきり言いたい。やっぱり、「それでもって仲良くできるかどうか、相手と話をする」っていうの？　それは各国が自分の国是《こくぜ》を持ってるんだから、当然のことじゃないか。

だから、中国に関しては、それは、「経済的な面では、これだけの貿易はできるけど、おたくのやってる内政、内部の弾圧《だんあつ》については容認できない」と、はっきり言えるぐらいの首相になりたいね、自分としては。

安倍さんは言えないだろ？　逃《に》げるだろ？　これがずるいんだよ。

神武　うーん。

小泉進次郎守護霊　これ、あなたがたが言ってる「ファシズム化」してると思いますね。

神武　ありがとうございます。

小泉進次郎守護霊　ちょっと、よそまで来て、こんなこと言って申し訳ないけど。

神武　いえいえ。

小泉進次郎守護霊　一言《ひとこと》、意見を言いたかったんで。

上皇のあり方にも一言《ひとこと》——小泉進次郎氏の思想・信条

神武　あっ、最後に、先ほど、「自由・民主・信仰」というお言葉もあったんですが、進次郎さん（守護霊）の信仰観について教えていただけますか。

小泉進次郎守護霊　いろんな宗教からも応援《おうえん》いただいてるため、はっきりは言いにくいけれども（笑）、基本的には、日本神道《しんとう》を基調としながら、仏教的な考え方を受け入れるような考え方を持ってます。

神武　それは、神様、神仏を信じているということですか。

小泉進次郎守護霊　うん、神様を、もちろん……。いわゆる日本的信仰ですけど、「神仏の両方を受け入れる考え」です。

大川紫央　では、仏陀《ぶっだ》とか天照《あまてらす》様とか、それらの信仰は……。

小泉進次郎守護霊　それは、両方、当然受け入れます。

大川紫央　持っていらっしゃるということですね。

小泉進次郎守護霊　皇室についても、私、意見はだいぶあるんですけど、本当に、意見を言ってるのは幸福実現党だけだね。「おかしい」っていうことを言うのは。だから、あれでしょ？　上皇様と雅子《まさこ》皇后様のスピリチュアルメッセージの本のなかに、「これは、（大手新聞社の新聞に）広告は載《の》らないだろう」って書いてあるけど、本当にそのとおり、載らないじゃないか。ねえ？

大手紙では、こういう統制が行われているわけで、（政府の）ご機嫌を取ってるんだけど。

「いいことなのか悪いことなのか。〝上皇制度〟っていうの？　あるいは、皇后様がしゃしゃり出ることは、いいことなのかどうか」、これが議論できないで、スキャンダル的には、「芸能人ネタ」みたいなところだけ取り上げるじゃないか。ね？あんなのばっかりが、週刊誌にいくら載っても……、（週刊誌は、新聞に）広告が載るだろう？

だけど、そうした、「政治制度としての上皇制度は、正しいのか。要するに、上皇は、どこまで国政や国事にかかわれるのか」、あるいは、「皇后は、どこまで言え

●上皇様と雅子皇后様……　『新上皇と新皇后のスピリチュアルメッセージ』（幸福の科学出版刊）参照。

るのか」、あと、「女系天皇、女性天皇も本当にいいのか悪いのか」。これ、法律だけを直したら……、もし、「国民の七十パーセント、八十パーセントが支持したら、それで法律を通す」っていうだけなんだったら、根本的に議論なされてないよ。

大川紫央　ええ。

小泉進次郎守護霊　いやあ、よくないと思う。

今の日本はマスコミの自由度が韓国《かんこく》並みで、「情治《じょうち》主義」

大川紫央　やっぱり、トータルで本当に議論しなくてはいけない〝本丸の部分〟を、みんな議論してはいけない雰囲気《ふんいき》になっていて、〝空気感〟だけで動いている国になっていますね。

小泉進次郎守護霊　そう、そう。マスコミの自由度も、「七十二位から六十七位になった」と近年言われてるけど、もう韓国《かんこく》レベルということですから。韓国は、ひどい国に見えるでしょ？

大川紫央　ええ。

小泉進次郎守護霊　だから、日本も、そういう国になってるんだ。

大川紫央　まあ、感情の起伏《きふく》だけで……。

小泉進次郎守護霊　やるからね。

大川紫央　国自体が……。

小泉進次郎守護霊　人治《じんち》主義でしょ？

大川紫央　そう、そう。

小泉進次郎守護霊　「情治《じょうち》主義」とも言われてるけど。

大川紫央　（誰《だれ》かが）〝発信〟してる感じですもんね。

小泉進次郎守護霊　日本もそうなってる。〝安倍さんの感情で動くような国〟になってきているという。

神武　本当ですね。

小泉進次郎守護霊　韓国そっくりじゃないか。まあ、責められないわな、コリア（韓国）。

というようなことを言いたかった。

大川紫央　はい。

小泉進次郎守護霊　うん、うーん。

大川紫央・神武　ありがとうございます。

あとがき

昔、大学時代に、『政治過程論《かていろん》』で「腹芸《はらげい》」とか「空気の支配」、「お金は潤滑油《じゅんかつゆ》」なんて言葉を教わった。それから四十年以上経《た》っても、日本の政治は大きくは変わってないようだ。

私が「幸福実現党」を創立して十年。いままで、日本と世界に必要な「正論」を言い続けて来たつもりだが、まだ時代はついて来てはいない。

私自身は一介《いっかい》の宗教家に過ぎない。たまたま、大学時代に法学部の政治学科で、ヨーロッパ政治史やファシズム論を深く勉強したり、在家《ざいけ》時代に、国際ビジネスマンとして、国際政治・国際経済を学んだに過ぎない。宗教家としては、仏教、キリスト教、イスラム教、ユダヤ教、儒教《じゅきょう》、日本神道にも詳しい。

私自身は、政治家への欲はない。小泉進次郎氏のような有力な若手に、知的刺激を与えられたら有難《ありがた》いと思っている次第である。

二〇一九年　七月一日

幸福《こうふく》の科学《かがく》グループ創始者兼総裁《そうししゃけんそうさい》

幸福実現党創立者兼総裁《こうふくじつげんとうそうりつしゃけんそうさい》　大川隆法《おおかわりゅうほう》

『小泉進次郎守護霊の霊言　ぶっ壊したいけど壊せない自民党の体質』関連書籍

『自由・民主・信仰の世界』（大川隆法 著　幸福の科学出版刊）

『君たちの民主主義は間違っていないか。』

（大川隆法・釈量子 共著　幸福の科学出版刊）

『危機のリーダーシップ』（大川隆法 著　幸福の科学出版刊）

『「日露平和条約」を決断せよ

――メドベージェフ首相&プーチン大統領 守護霊メッセージ――』（同右）

『新上皇と新皇后のスピリチュアルメッセージ』（同右）

『日本をもう一度ブッ壊す　小泉純一郎元総理守護霊メッセージ』

（大川隆法 著　幸福実現党刊）

小泉進次郎守護霊《こいずみしんじろうしゅごれい》の霊言《れいげん》
ぶっ壊《こわ》したいけど壊《こわ》せない自民党《じみんとう》の体質《たいしつ》

2019年7月2日　初版第1刷

著　者　　大《おお》　川《かわ》　隆《りゅう》　法《ほう》

発行所　　幸福の科学出版株式会社
〒107-0052 東京都港区赤坂2丁目10番14号
TEL(03)5573-7700
https://www.irhpress.co.jp/

印刷・製本　株式会社 研文社

落丁・乱丁本はおとりかえいたします

ISBN978-4-8233-0096-7 C0030
帯 時事
装丁・写真（上記・パブリックドメインを除く）©幸福の科学

大川隆法霊言シリーズ・自民党元総裁たちの本心

日本をもう一度ブッ壊す 小泉純一郎元総理 守護霊メッセージ

「ワンフレーズ・ポリティクス」「劇場型」の小泉政治と、「アベノミクス」「安倍外交」を比較するとき、現代の日本政治の問題点が浮き彫りになる。【幸福実現党刊】

1,400円

小渕恵三元総理の霊言

非凡なる凡人宰相の視点

増税、辺野古問題、日韓関係——。小渕元総理から見た、安倍総理の本心とは?穏やかな外見と謙虚な言動に隠された"非凡な素顔"が明らかに。【幸福実現党刊】

1,400円

橋本龍太郎元総理の霊言

戦後政治の検証と安倍総理への直言

長期不況を招いた90年代の「バブル潰し」と「消費増税」を再検証するとともに、マスコミを利用して国民を欺く安倍政権を"橋龍"が一刀両断!

1,400円

政治家が、いま、考え、なすべきこととは何か。元・総理 竹下登の霊言

消費増税、選挙制度、マスコミの現状……。「ウソを言わない政治家」だった竹下登・元総理が、現代政治の問題点を本音で語る。【幸福実現党刊】

1,400円

大川隆法 霊言シリーズ・維新の志士たちは語る

坂本龍馬 天下を斬る!

日本を救う維新の気概

日本国憲法は「廃憲」し、新しく「創憲」せよ！ 混迷する政局からマスコミの問題点まで、再び降臨した坂本龍馬が、現代日本を一刀両断する。【幸福実現党刊】

1,400 円

一喝! 吉田松陰の霊言

21世紀の志士たちへ

明治維新の原動力となった情熱、気迫、激誠の姿がここに！ 指導者の心構えを説くとともに、本物の革命家とは何かが示される。

1,200 円

政治家の正義と徳 西郷隆盛の霊言

維新三傑の一人・西郷隆盛が、「財政赤字」や「政治不信」、「見世物の民主主義」を一喝する。信義と正義を貫く政治を示した、日本人必読の一冊。

1,400 円

佐久間象山 弱腰日本に檄を飛ばす

国防、財政再建の方法、日本が大発展する思想とは。明治維新の指導者・佐久間象山が、窮地の日本を大逆転させる秘策を語る！【幸福実現党刊】

1,400 円

※表示価格は本体価格（税別）です。

大川隆法 ベストセラーズ・国際情勢を読む

愛は憎しみを超えて

中国を民主化させる日本と台湾の使命

中国に台湾の民主主義を広げよ――。この「中台問題」の正論が、第三次世界大戦の勃発をくい止める。台湾と名古屋での講演を収録した著者渾身の一冊。

1,500円

守護霊インタビュー トランプ大統領の決意

英語霊言 日本語訳付き

北朝鮮問題の結末とその先のシナリオ

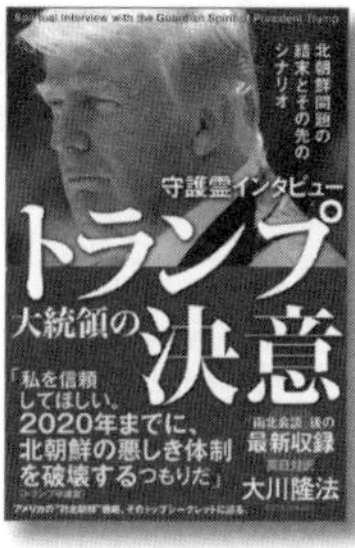

"宥和《ゆうわ》ムード"で終わった南北会談。トランプ大統領は米朝会談を控え、いかなるビジョンを描くのか。今後の対北朝鮮戦略のトップシークレットに迫る。

1,400円

習近平守護霊 ウイグル弾圧を語る

ウイグル"強制収容所"の実態、チャイナ・マネーによる世界支配戦略、宇宙進出の野望――。暴走する独裁国家の狙いを読み、人権と信仰を守るための一書。

1,400円

文在寅守護霊 vs. 金正恩守護霊

南北対話の本心を読む

南北首脳会談で北朝鮮は非核化されるのか？ 南北統一、対日米戦略など、宥和路線で世界を欺く両首脳の本心とは。外交戦略を見直すための警鐘の一冊。

1,400円

大川隆法ベストセラーズ・幸福実現党の目指すもの

夢は尽きない

幸福実現党 立党10周年記念対談

大川隆法　釈量子　共著

日本の政治に、シンプルな答えを――。笑いと熱意溢れる対談で、働き方改革や消費増税などの問題点を一刀両断。幸福実現党の戦いは、これからが本番だ！

1,500円

君たちの民主主義は間違っていないか。

幸福実現党 立党10周年・令和元年記念対談

大川隆法　釈量子　共著

日本の民主主義は55点!? 消費増税のすり替え、大義なきバラマキ、空気に支配される国防政策など、岐路に立つ国政に斬り込むエキサイティングな対談！

1,500円

幸福実現党宣言

この国の未来をデザインする

政治と宗教の真なる関係、「日本国憲法」を改正すべき理由など、日本が世界を牽引するために必要な、国家運営のあるべき姿を指し示す。

1,600円

新・日本国憲法 試案

幸福実現党宣言④

大統領制の導入、防衛軍の創設、公務員への能力制導入など、戦後憲法を捨て去り、日本の未来を切り拓く「新しい憲法」を提示する。

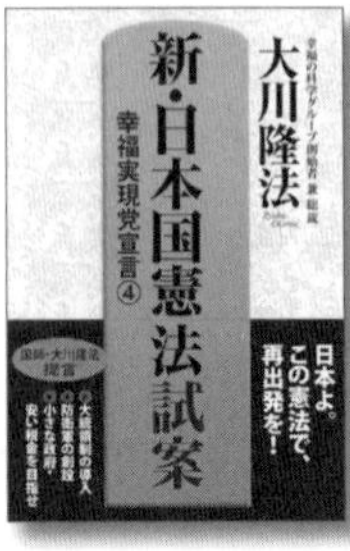

1,200円

※表示価格は本体価格（税別）です。

世界から
希望が
消えたなら。
製作総指揮・原案／大川隆法
竹内久顕　千眼美子　さとう珠緒　芦川よしみ　石橋保　木下渓
監督／赤羽博　音楽／水澤有一　脚本／大川咲也加　製作／幸福の科学出版　製作協力／ARI Production　ニュースター・プロダクション
制作プロダクション／ジャンゴフィルム　配給／日活　配給協力／東京テアトル　©2019 IRH Press
10.18　ROADSHOW

幸福の科学グループのご案内

宗教、教育、政治、出版などの活動を通じて、地球的ユートピアの実現を目指しています。

幸福の科学

一九八六年に立宗。信仰の対象は、地球系霊団の最高大霊、主エル・カンターレ。世界百カ国以上の国々に信者を持ち、全人類救済という尊い使命のもと、信者は、「愛」と「悟り」と「ユートピア建設」の教えの実践、伝道に励んでいます。

（二〇一九年七月現在）

愛

幸福の科学の「愛」とは、与える愛です。これは、仏教の慈悲《じひ》や布施《ふせ》の精神と同じことです。信者は、仏法真理をお伝えすることを通して、多くの方に幸福な人生を送っていただくための活動に励んでいます。

悟り

「悟り」とは、自らが仏の子であることを知るということです。教学《きょうがく》や精神統一によって心を磨き、智慧《ちえ》を得て悩みを解決すると共に、天使・菩薩《ぼさつ》の境地を目指し、より多くの人を救える力を身につけていきます。

ユートピア建設

私たち人間は、地上に理想世界を建設するという尊い使命を持って生まれてきています。社会の悪を押しとどめ、善を推し進めるために、信者はさまざまな活動に積極的に参加しています。

国内外の世界で貧困や災害、心の病で苦しんでいる人々に対しては、現地メンバーや支援団体と連携して、物心両面にわたり、あらゆる手段で手を差し伸べています。

年間約２万人の自殺者を減らすため、全国各地で街頭キャンペーンを展開しています。

公式サイト **www.withyou-hs.net**

ヘレン・ケラーを理想として活動する、ハンディキャップを持つ方とボランティアの会です。視聴覚障害者、肢体不自由な方々に仏法真理を学んでいただくための、さまざまなサポートをしています。

公式サイト **www.helen-hs.net**

入会のご案内

幸福の科学では、大川隆法総裁が説く仏法真理《ぶっぽうしんり》をもとに、「どうすれば幸福になれるのか、また、他の人を幸福にできるのか」を学び、実践しています。

入会

仏法真理を学んでみたい方へ

大川隆法総裁の教えを信じ、学ぼうとする方なら、どなたでも入会できます。入会された方には、『入会版「正心法語《しょうしんほうご》」』が授与されます。

ネット入会　入会ご希望の方はネットからも入会できます。
happy-science.jp/joinus

三帰《さんき》誓願《せいがん》

信仰をさらに深めたい方へ

仏弟子としてさらに信仰を深めたい方は、仏《ぶっ》・法《ぽう》・僧《そう》の三宝《さんぽう》への帰依を誓う「三帰誓願式」を受けることができます。三帰誓願者には、『仏説・正心法語』『祈願文《きがんもん》①』『祈願文②』『エル・カンターレへの祈り』が授与されます。

幸福の科学 サービスセンター
TEL 03-5793-1727
受付時間／
火～金：10～20時
土・日祝：10～18時
（月曜を除く）

幸福の科学 公式サイト
happy-science.jp

ハッピー・サイエンス・ユニバーシティ
Happy Science University

ハッピー・サイエンス・ユニバーシティとは

ハッピー・サイエンス・ユニバーシティ（HSU）は、大川隆法総裁が設立された「現代の松下村塾」であり、「日本発の本格私学」です。
建学の精神として「幸福の探究と新文明の創造」を掲げ、チャレンジ精神にあふれ、新時代を切り拓く人材の輩出を目指します。

人間幸福学部　経営成功学部　未来産業学部

HSU長生キャンパス TEL **0475-32-7770**
〒299-4325 千葉県長生郡長生村一松丙 4427-1

未来創造学部

HSU未来創造・東京キャンパス
TEL **03-3699-7707**
〒136-0076 東京都江東区南砂2-6-5　公式サイト **happy-science.university**

学校法人 幸福の科学学園

学校法人 幸福の科学学園は、幸福の科学の教育理念のもとにつくられた教育機関です。人間にとって最も大切な宗教教育の導入を通じて精神性を高めながら、ユートピア建設に貢献する人材輩出を目指しています。

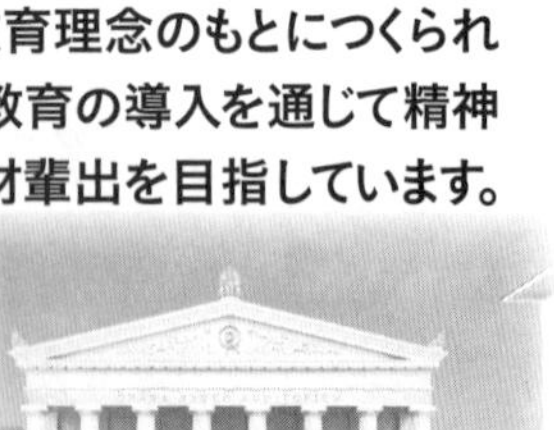

幸福の科学学園
中学校・高等学校（那須本校）
2010年4月開校・栃木県那須郡（男女共学・全寮制）
TEL **0287-75-7777** 公式サイト **happy-science.ac.jp**

関西中学校・高等学校（関西校）
2013年4月開校・滋賀県大津市（男女共学・寮及び通学）
TEL **077-573-7774** 公式サイト **kansai.happy-science.ac.jp**

仏法真理塾「サクセスNo.1」

全国に本校・拠点・支部校を展開する、幸福の科学による信仰教育の機関です。小学生・中学生・高校生を対象に、信仰教育・徳育にウエイトを置きつつ、将来、社会人として活躍するための学力養成にも力を注いでいます。

TEL 03-5750-0747（東京本校）

エンゼルプランV TEL 03-5750-0757

幼少時からの心の教育を大切にして、信仰をベースにした幼児教育を行っています。

不登校児支援スクール「ネバー・マインド」 TEL 03-5750-1741

心の面からのアプローチを重視して、不登校の子供たちを支援しています。

ユー・アー・エンゼル！（あなたは天使！）運動

一般社団法人 ユー・アー・エンゼル TEL 03-6426-7797

障害児の不安や悩みに取り組み、ご両親を励まし、勇気づける、
障害児支援のボランティア運動を展開しています。

NPO活動支援

いじめから子供を守ろうネットワーク

学校からのいじめ追放を目指し、さまざまな社会提言をしています。また、各地でのシンポジウムや学校への啓発ポスター掲示等に取り組む一般財団法人「いじめから子供を守ろうネットワーク」を支援しています。

公式サイト mamoro.org ブログ blog.mamoro.org

相談窓口 TEL.03-5544-8989

百歳まで生きる会

「百歳まで生きる会」は、生涯現役人生を掲げ、友達づくり、生きがいづくりをめざしている幸福の科学のシニア信者の集まりです。

シニア・プラン21

生涯反省で人生を再生・新生し、希望に満ちた生涯現役人生を生きる仏法真理道場です。定期的に開催される研修には、年齢を問わず、多くの方が参加しています。全国186カ所、海外13カ所で開校中。

【東京校】TEL 03-6384-0778 FAX 03-6384-0779
メール senior-plan@kofuku-no-kagaku.or.jp

幸福実現党

内憂外患《ないゆうがいかん》の国難に立ち向かうべく、2009年5月に幸福実現党を立党しました。創立者である大川隆法党総裁の精神的指導のもと、宗教だけでは解決できない問題に取り組み、幸福を具体化するための力になっています。

幸福実現党 釈量子サイト **shaku-ryoko.net**
Twitter **釈量子@shakuryokoで検索**

幸福実現NEWS
「日本回帰」と消費減税で、日本に仕事を取り戻す

党の機関紙
「幸福実現NEWS」

幸福実現党 党員募集中

あなたも幸福を実現する政治に参画しませんか。

- ○幸福実現党の理念と綱領、政策に賛同する18歳以上の方なら、どなたでも参加いただけます。
- ○党費：正党員（年額5千円［学生 年額2千円］）、特別党員（年額10万円以上）、家族党員（年額2千円）
- ○党員資格は党費を入金された日から1年間です。
- ○正党員、特別党員の皆様には機関紙「幸福実現NEWS（党員版）」（不定期発行）が送付されます。

＊申込書は、下記、幸福実現党公式サイトでダウンロードできます。
住所：〒107-0052 東京都港区赤坂2-10-8 6階 幸福実現党本部
TEL **03-6441-0754** FAX **03-6441-0764**
公式サイト **hr-party.jp**

幸福の科学出版

大川隆法総裁の仏法真理の書を中心に、ビジネス、自己啓発、小説など、さまざまなジャンルの書籍・雑誌を出版しています。他にも、映画事業、文学・学術発展のための振興事業、テレビ・ラジオ番組の提供など、幸福の科学文化を広げる事業を行っています。

アー・ユー・ハッピー？
are-you-happy.com

ザ・リバティ
the-liberty.com

幸福の科学出版
TEL **03-5573-7700**
公式サイト **irhpress.co.jp**

THE FACT

ザ・ファクト
マスコミが報道しない
「事実」を世界に伝える
ネット・オピニオン番組

ザ・ファクト 検索

NEW STAR PRODUCTION

ニュースター・プロダクション

「新時代の美」を創造する芸能プロダクションです。多くの方々に良き感化を与えられるような魅力あふれるタレントを世に送り出すべく、日々、活動しています。 公式サイト **newstarpro.co.jp**

ARI Production

ARI《アリ》 Production《プロダクション》

タレント一人ひとりの個性や魅力を引き出し、「新時代を創造するエンターテインメント」をコンセプトに、世の中に精神的価値のある作品を提供していく芸能プロダクションです。 公式サイト **aripro.co.jp**

大川隆法　講演会のご案内

大川隆法総裁の講演会が全国各地で開催されています。講演のなかでは、毎回、「世界教師」としての立場から、幸福な人生を生きるための心の教えをはじめ、世界各地で起きている宗教対立、紛争、国際政治や経済といった時事問題に対する指針など、日本と世界がさらなる繁栄の未来を実現するための道筋が示されています。

2019年5月14日 幕張メッセ「自由・民主・信仰の世界」

2019年3月3日 グランド ハイアット 台北
(台湾)「愛は憎しみを超えて」

2019年6月24日 ANAクラウンプラザホテル千歳
「仏法と勤労精神」

2018年10月7日 ザ・リッツカールトン ベルリン
(ドイツ)「Love for the Future」

2019年6月14日 グランキューブ大阪
「されど不惜身命!」

講演会には、どなたでもご参加いただけます。
最新の講演会の開催情報はこちらへ。 ⟹

大川隆法総裁公式サイト
https://ryuho-okawa.org